ユニクロだから、品がよくコーデに悩まない

いつも流行に左右されない服が着られる

All coordinates with

UNIQLO

スタイルアドバイザー

Hana

ダイヤモンド社

Coordinates

10 fundamentals

この本で手に入る10のこと

1 背が高く見える＆太って見えない

2 どこかに品がある

3 貧相に見えない

4 流行を追いかけすぎない自分の服が着られる

5 服の印象がゴチャゴチャしていない

6 立体感がある

7 TPOに合っている

8 季節感がある

9 「カジュアルにもキレイ目にも」
両方に使えるアイテムを持てる

10 コーディネートに合った髪型ができる

shirt：デニムロングシャツ：ユニクロ
bottoms：スマートスタイルアンクルパンツ：ユニクロ
bangle：PHILIPPE AUDIBERT

introduction

はじめに

流行に左右されない、自分だけのおしゃれをつくる

私はユニクロが大好きです。それは、ユニクロはシンプルな形で、サイズもたくさん揃っているから。シンプルである、ということは洋服にとって大事な要素です。**なぜなら、品の良さはシンプルが生み出すからです。**また、シンプルなものは、いくつになっても服に負けることなくおしゃれに着ることができます。ユニクロだと、「流行に左右されない」コーデができるのです。

また、シンプル同士（つまりユニクロ同士）を合わせると、コーディネートの能力が上がります。今まで、デザインに惑わされて考えられなかった「バランスのとり方」や「小物の選び方」などが服を着るときに考えられるようになるからです。「おしゃれ」とは、このふたつができることです。

他のファストファッションは流行を取り入れているものが多いので、合わせるのも難しいです。しかし、ユニクロのアイテム同士ならシンプルなので、合わないことなんてありません。

しかし、そうはいってもユニクロは、着方を間違えると「やっぱりユニクロ」感が出てしまいます。かなり野暮ったくなるのです。

trench coat：トレンチコート：ユニクロ
denim：ウルトラストレッチジーンズ：ユニクロ

そうならないためには、どうすればいいのでしょうか？　**まず、「買うとき」がいちばんの勝負です。**当たり前の話ですが、人それぞれ「似合うもの」は違います。似合うものを知って、買うときに気をつければ、あか抜けて見えます。

「似合うものって言われても、それがわかったら苦労しない」という声が聞こえてきそうです。たしかに自分に似合うものを選ぶこと

cardigan：UVカットVネックカーディガン：ユニクロ
tops：ボートネックT：ユニクロ
denim：ウルトラストレッチジーンズ：ユニクロ
bag：ZARA
shoes：CONVERSE
bracelet：CHAN LUU
bangle：PHILIPPE AUDIBERT

は、少しコツがいります。

服を選ぶときに大切なポイントは「素材」「色」「形」の3つ。冒頭で、ユニクロにはサイズがたくさんあるという話をしましたが、サイズも「形」なので自分に似合う形が手に入れやすいです。これを知っておけば、ユニクロはもちろん、他のどんなお店でも、絶対に自分に似合うものを手に入れることができます。

この本では、本をながめているうちに、この「形」「素材」「色」のテクニックが自然と身につくようにつくりました。そのために今までブログやインスタグラムで紹介しきれなかった情報もたくさん載せています。

この本を読み終わる頃には「シンプルなのに誰よりおしゃれ」になれ、またもちろん、自分に似合わないアイテムでも、「似合わせ力」が自然と身についているはず。

ユニクロの魅力は「安さ」もあります。コーディネートは、バッグや靴で完成します。服は安くて十分。その分小物を揃えましょう。

どうぞ最後までお付き合いください♪

stole：Johnstons
bag：PotioR
coat：ステンカラーコート：ユニクロ
sweater：カラーネップセーター：ユニクロ
denim：セルビッジデニムアンクルジーンズ：ユニクロ
shoes：Odette e Odile

Contents
もくじ

Chapter 1

自分に似合うものさえ見つければいい

Chapter

2

これさえ知っておけば着る服に困らなくなる

Chapter

3

これを買うだけで「流行に左右されない」コーデができる

Chapter 4

小物がおしゃれの8割をつくる

column: 04

Chapter

5

知っておくだけでおしゃれ度は上がる

［ クレジットの見方 ］

赤は ユニクロ アイテム —
coat：ウールブレンドＰコート：ユニクロ
tops：カシミヤタートルネックセーター：ユニクロ
bottoms：ウルトラストレッチジーンズ：ユニクロ
— ユニクロのアイテム名

グレーは コーディネイト アイテム —
shoes：UGG
bag：Louis Vuitton
cashmere stole：BUYER
pierce・bangle：JUICY ROCK
watch：NIXON
— ユニクロ以外の場合はブランド名

Chapter 1

Select items that suit you

［ 第1章 ］

自分に似合うものさえ見つければいい

似合うものだけを選べれば、組み合わせに困らない

「どんな服が欲しいですか？」と聞かれたら、なんと答えますか？

「着回しができる服」「流行の服」「ブランドの服」など、いろいろな答えがあると思います。

多くの人は「欲しい服で、なおかつ似合うもの」を探しているのだと思います。

でも、私が言いたいのは、「似合う服だけ」買えばいいということ。「欲しい服」はいったん置いておいてください。

服を選ぶのに疲れるのは、似合わないアイテムを持つからです。

トップスでもボトムスでも、似合わないアイテムを持つと、全体のバランスをとるための条件がいくつも必要となります。そうすると「どれもこれも合わない」が重なり、選ぶのに時間がかかり疲れてしまうのです。

これが度重なると、似合わないものを似合わせるのに嫌気がさして、持っているいつもの似合うアイテムを使って、同じかっこうになってしまいます。そして服がないと思ってまた購入し、迷子になり、また疲れ、の繰り返しになるのです。

服を買うときに気にするべきは、「持っているアイテムと合うかどうか」ではありません。最優先するべきなのは似合うかどうかです。ボトムスでもトップスでも、シンプルなもので、似合っているものならば組み合わせに困ることはありません。

組み合わせに困らなければ、着こなしは想像以上に広がります。

上
trench coat：トレンチコート：ユニクロ
denim：セルビッジデニムアンクルジーンズ：ユニクロ
sunglasses：chloé
watch：ROLEX
scarf：GU
下
pierce：Salt
bracelet：CHAN LUU
shirt：プレミアムリネンシャツ：ユニクロ
stole：macocca

たとえその服がはじめは魅力的に見えなくても、似合う服さえ持っていれば、おしゃれの幅は格段に広がります。似合う服で「My定番」をつくり、その定番をアレンジしていくことでおしゃれの幅が広がり、最後には「好きだけど似合わない服」もおしゃれに取り入れられるようにもなります。まず「似合う服」と出会うことから、「服選び」「着こなし」は楽しくなります。

いろいろなバリエーションの服を揃えるよりも、トレンドの服を揃えるよりも、自分に似合う服でクローゼットをつくりましょう。

「素材」「色」「形」のうち 2個以上が似合っていれば 「似合うもの」

では、どんな服が自分にいちばん似合うでしょうか？

まず振り返ってみるべきなのは、「いつも何となくヘビロテしてしまう服」「何回も着てくたびれているけど、便利でなかなか捨てられない服」「着ると必ず『似合うね』と褒められる服」です。いかがでしょうか？　思い浮かびましたか？

ここで見てほしいのはそのアイテムの「素材」「色」「形」。このうち2個以上が似合っていればヘビロテアイテムになっているということ。つまりお気に入りの服たちは、あなたにとってどんな「素材」「形」「色」が似合うかを教えてくれるヒントを持っているのです。

もしかして、「ヘビロテ服」が一枚も思い浮かばない人がいるかもしれません。そんな人も、「似合う」を決める要素である「素材」「色」「形」のことを知っていきましょう。

似合うものは「素材」「色」「形」でできている

自分に似合う洋服を見つけるには、まずそれぞれのどこの部分を見ればいいでしょうか？

自分に似合う「素材」「色」「形」を知るには、まず、「自分のなりたい雰囲気」から選んで、着てみてください。左のページで、それぞれが持つ「雰囲気」を説明しましたので、そこから自分のなりたい雰囲気のものを試してみましょう。着たら、鏡の前に立ってください。それが似合っていればOK、似合っていなければその素材は、あなたが得意ではないものです。もちろん、ひとつに絞る必要はありません。いくつか似合う人もいるはずです。トライすべき種類はそんなにありませんので、いろいろ試してみるのも楽しいと思います。

こうすると、得意ではないものを知ることができます。得意ではないものも「買ってはいけない」というわけではありません。洋服が持つ様々な雰囲気を味方につけるのは、おしゃれにとって必要です。苦手なものは、取り入れ方を知っていけばいいだけです。左のページでは、ざっとどんなものがあるのかを紹介しています。自分に似合うものの具体的な見つけ方は後ほど説明します。

Material

素材が大きく印象を決める

① ② ③

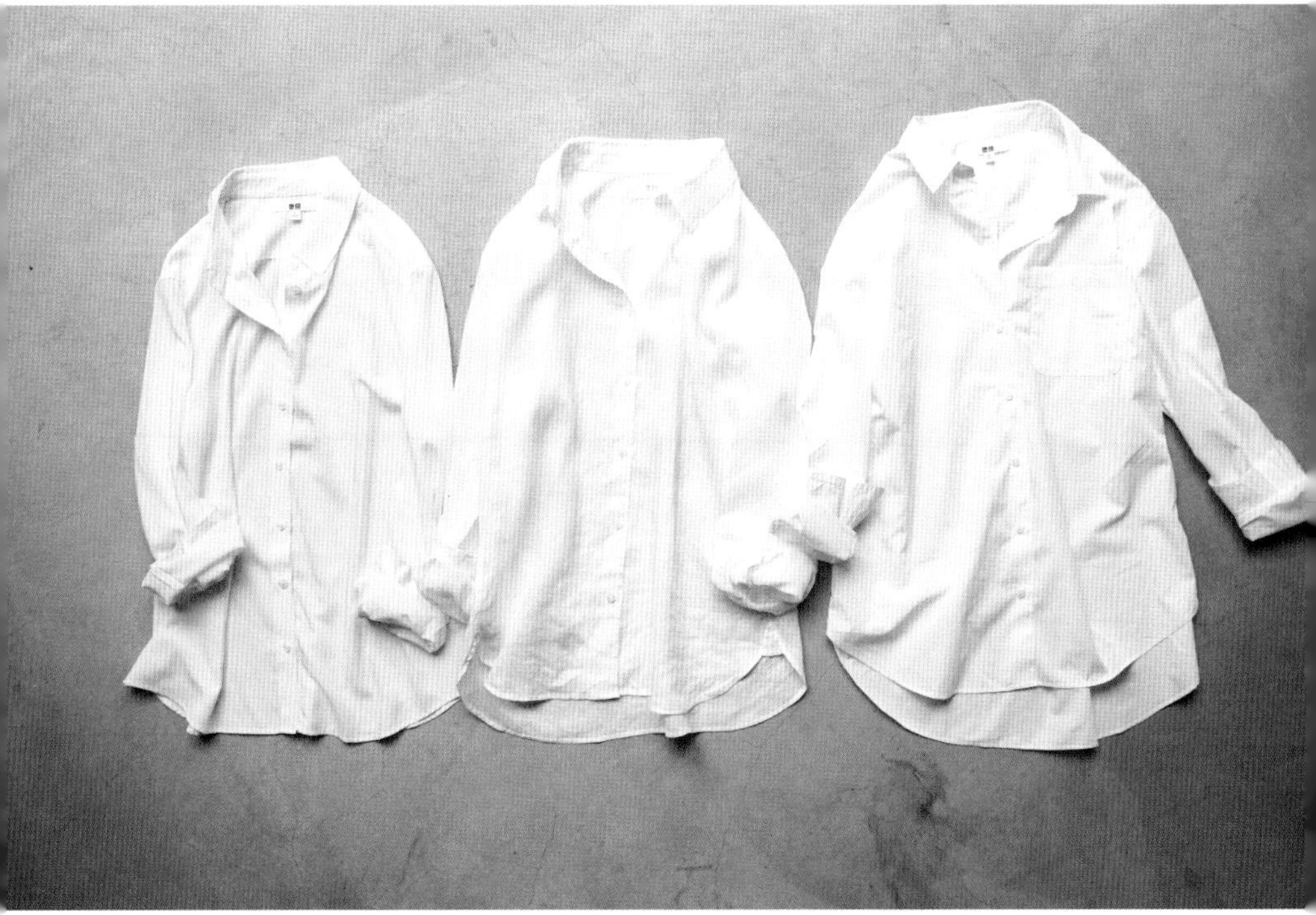

① レーヨンエアリーブラウス
② プレミアムリネンシャツ
③ エクストラファインコットンオーバーサイズシャツ
全てユニクロ

① フェミニンなのは、柔らかく光沢のある素材

ポリエステルやレーヨンなどの合成繊維、シフォン・モヘアなどの柔らかい素材

② カジュアル感を出すのは、天然素材など風合いのあるもの

麻・デニム・コーデュロイ・ざっくりとした綿

③ 大人っぽく見せるのは、ハリのある素材

コットン100%やシルク100%などハリがあり滑らかで品質のよいもの

Color

あなたに似合うのは「上品」な色？　「優しい」色？

①　②　③　④

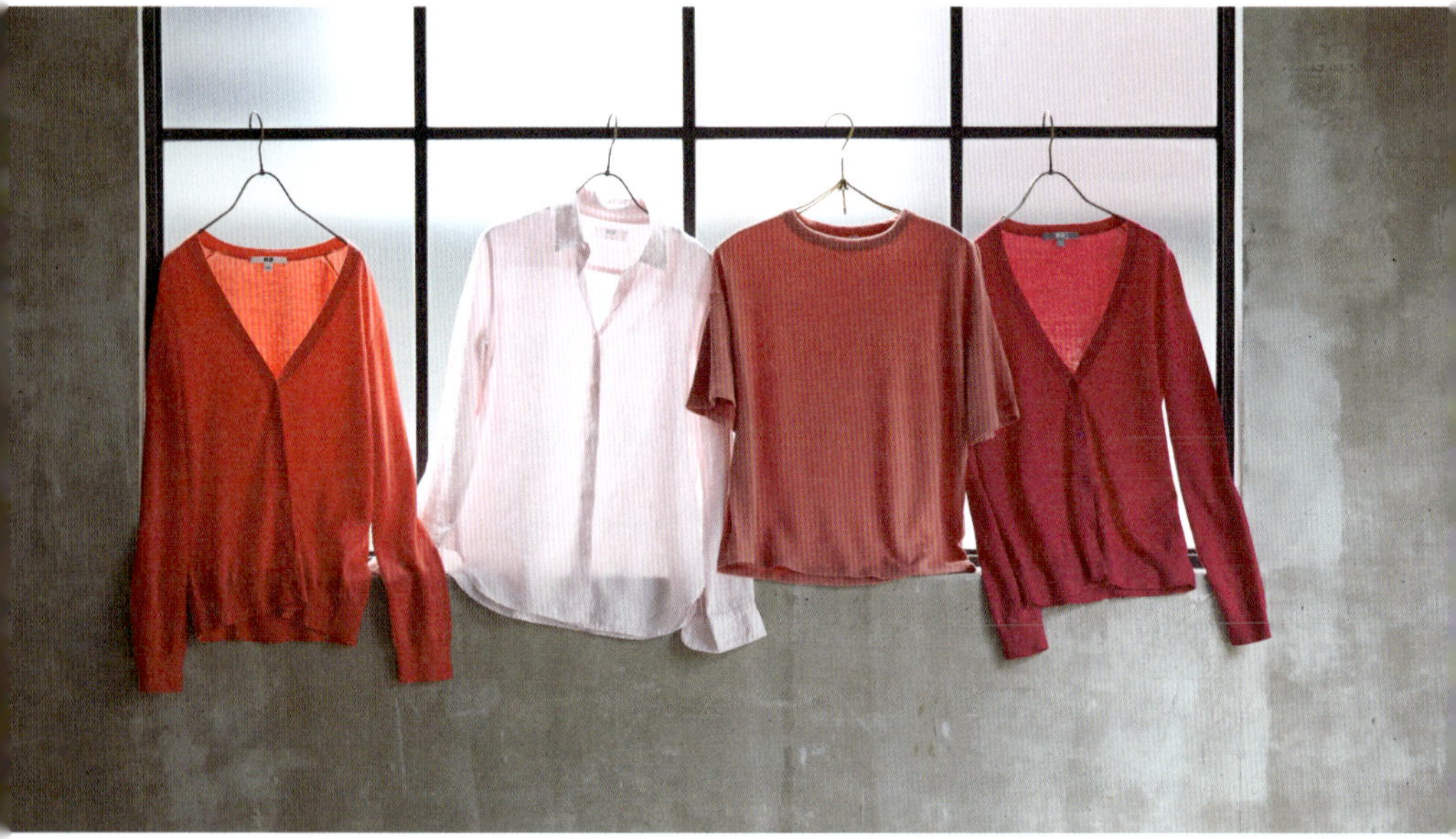

① UV カットＶネックカーディガン　② プレミアムリネンシャツ　③ ソフトフレンチテリーＴ　④ UV カットＶネックカーディガン　全てユニクロ

① **明るくクリアな色**が似合う人は若く見える
② 優しく見せるのは、**明るい色に白を混ぜたような色**
③ **グレーを混ぜたような落ち着いた色**は上品さをつくる
④ **鮮やかな原色**がいちばん似合う人は華やか

ピンクといっても色の強さや明るさなど、たくさんの種類があります。「ピンク」は、苦手などと決めつけずに、似合う色を手に入れてください。

Shape

似合う形を知れば、最強におしゃれになる

①　　　　②　　　　③

① ドライカラークルーネックT　② コットンT　③ ドレープT　全てユニクロ

①いわゆる普通のTシャツ
②ちょっとタイトなTシャツ
③ゆったりめのTシャツ

Tシャツは、主にこの３つの種類があります。

上の写真を見て、どう思われますか？　①はゴツく、②は下半身が大きく見えてしまっています。反対に③は痩せて見えます。同じTシャツと言っても、形が違うだけで、太って見えたり、痩せて見えたりするのです。人それぞれ似合う形は違うので、ひとつが似合わなくても、別の形で似合うものがあるはずです。そこで「Tシャツが似合わない」と諦めないでください。また、襟の開き具合や丈によっても変わってきますので、それは74ページや162ページを参考にしてください。

着ると「背が高く見える服」は似合っている服

そもそも、「似合う」とは一体何でしょうか？

ずばり言うと、それはその服を着ることで「スタイルよく見えるか」どうかです。**より詳しく言うと「背が高く見えるか」と「細く見えるか」どうか。**

たとえば、「このパンツをはくといつもより足が長く見えるな」という体験をしたことはありませんか？　それは、そのパンツは「似合うもの」だったからです。もしそんな体験をしたことがない人も、「足が長く見える」「細く見える」など必ずスタイルがよく見えるアイテムは存在します。それを多く手に入れれば手に入れるほど、おしゃれに見えるのです。

トレンドのものさえ着ていれば、多少似合っていなくても、きっとほとんどの人が「おしゃれ」と褒めてくれるでしょう。トレンドは、時代の空気が手伝って、そのときは「おしゃれ」に見せるからです。でもそれが過ぎ去ってしまうと、似合っていなかったなら余計に古い、ダサい、となってしまいます。

年をとればとるほど、トレンドとは関係なく「似合うもの」を知っておきましょう。それができると「やせた？」「肌がキレイになったね」「若返ってない？」などとあなた自身を褒められる言葉を多くかけられるようになります。それもこれも、基本は「スタイルよく見える服を選んだから」言われることです。私も、いかり肩、二の腕が太いなどコンプレックスはたくさんあるのですが、インスタの写真では実際よりも身長が高く見えることもしばしば。すべては、服の力です。何よりも「スタイルよく見える」を大切にしてください。

tops：ドレープT：ユニクロ
denim：セルビッジデニムアンクルジーンズ：ユニクロ
bag：Anya Hindmarch
shoes：GALLARDA GALANTE
watch：Cartier

ボトムスと靴の色が同じだと足が長く見える

ちょっと細めのボトムに、同系色のパンプスを合わせることで、色が繋がり、より足がすらっと見えた結果、長く見えます。

おしゃれは自分の「ジャストサイズ」を見つけることから生まれる

自分の「ジャストサイズ」が何なのかを知っておきましょう。

勘違いしている人も多いのですが、「ジャストサイズ」とは「ピタピタのサイズ」のことではありません。自分が動きやすく、窮屈ではないサイズ。少しだけ余裕があるのがジャストサイズです。自分のジャストサイズは、把握するのが最初は難しいのですが、チェックポイントで見分けていけばできるようになります。

まずトップスなら、鎖骨の下あたりを見ること。着たときに、大きすぎるなら、ここに真横にシワができます。また反対に胸まわりのボタンがきついなど、生地が伸びてしまっていれば小さいです。どちらにもならないものを選びましょう。

あとは二の腕の袖の部分も見てみましょう。なで肩の人は、服のラインが浮いていないか、逆にいかり肩の人は自分の肩のラインが出すぎて、肩が体の真横についたようなシルエットになっていないか。そうなっていたらジャストサイズではありません。

そして、後ろもチェックしてください。肩甲骨のあたりの生地が余っていると大きめです。体が後ろに丸く見えてしまいます。反対に、ブラジャーのラインが出ていると小さいです。また、着丈は、どんなに短いものでも、おへその下から指4本分が必要です。

ボトムスなら、見るのはウエストではなくお尻です。お尻の下にシワが入っていたらやめましょう。もうひとつお尻があるように見えてしまいます。
これを基準に「ジャストサイズ」を選べるようになればＯＫです。

stole：Johnstons
bag：ZARA
shirt：エクストラファインコットンプラケットハーフシャツ：ユニクロ
denim：ウルトラストレッチジーンズ：ユニクロ
shoes：Odette e Odile

コートなどの固い素材は必ずジャストサイズを選ぶ

オーバーサイズを選ぶのは、ゆるっと着られる柔らかい素材のみ。なぜなら、写真のような固い素材のコートに、オーバーサイズを選んでしまうと、肩や体が大きく見え、いいことがありません。

いつものサイズ以外を試着すると「お気に入りのアイテム」が必ず見つかる

私には「自慢の逸品」があります。ウルトラストレッチジーンズ、レーヨンエアリーTブラウス、ドレープTなど。どれも自分に似合うものなので、とても大切に着ています。

「自分に似合う」服を見つけるには、まず何よりも試着。いつものサイズと違ったものも着てみましょう。いちばんのおすすめは、欲しいと思った服がトップスであれば全サイズ、ボトムスであれば下に1サイズ・上に3サイズは試着してみてください。

前の項で自分の「ジャストサイズ」を知ることの大切さをお伝えしましたが、世の中には「ジャストサイズ」以上に、自分をスタイルよく見せてくれるサイズがあります。**ジャストサイズがMでも、アイテムによってはLサイズの方が、自分を素敵に見せてくれるものもあります。**ジャストサイズはあくまでもきっちり着られるサイズです。

「えっ、そんなに試着は無理！」という声が聞こえてきそうです。でも、覚えておいてほしいのは、「サイズが違えば、違う服」くらいに違うということ。これだけ試着すれば、必ずいちばん似合うサイズがあります。いつものMサイズを着て、「似合うかな」と思っても、ワンサイズ上げたら、見違えるほど似合ったりします。また、SやMで似合わなかった服でも、LやXLを着てみたら似合うかもしれません。肩の落ちたドルマンタイプはSサイズが似合うけど、クルーネックのセーターはXLが似合う、といったようにアイテムごとに似合うサイズも違います。

冒頭で言いましたが、ユニクロ同士の服はシンプルなので上下のコーディネートは何でも合います。服は「買うとき」がいちばんの勝負。ここにさえこだわれば、必ずおしゃれになれます。そして、数多く試着した中から見つけ出した自分に似合う服は、何度着ても楽しい、あなたのお気に入りに必ずなるでしょう。ぜひ、楽しんで全サイズ試着してみてください。

「似合う」の基準は、「スタイルよく見えるかどうか」。**トップスならいつもより華奢に見えるか、(細い人なら、貧相に見えないか)、ボトムスなら足が長く見えるかで決めてください。**

「トップスはMサイズ・デニムは25インチ」というように、自分のおおまかなサイズを把握していると思います。しかし、それを信じすぎてはいけません。

「サイズが違えば違う服」と言ったのは、サイズによって服の形が変わってくるから。「ほんの少ししか違わない」かもしれませんが、少しでも違うと形は変わってくるのです。

「自分と似た体型の友人が着ている服が素敵で真似したけど似合わなかった……」といったような経験はありませんか？　しかし、がっかりすることはありません。たとえ同じ身長や体重の人でも、似合うサイズは違います。同じような体型でも、骨格や肌の質など、細かい要素で似合うものは変わってくるのです。

Size

SとLは違う服

S

Size

ジャストサイズはきちんと感が出る

きちんと見せたいときは、このサイズ。オフィスコーデや子供の三者面談などにオススメ。

L

Size

大きいサイズはこなれ感を出す

普段使いでおしゃれに見せたいなら、このサイズ。自分の体よりオーバーサイズだと、襟も抜きやすくインもしやすいので、おしゃれな着こなしがしやすくなる。

shirt：プレミアムリネンシ
ツ：ユニクロ
denim：セルビッジデニム
ンクルジーンズ：ユニクロ
necklace：SUGAR BEAN JEWELRY
bracelet：CHAN LUU
watch：Cartier

column: 01

「似合う」ものを見つけるには、まず自分は上半身にボリュームがあるか、下半身にボリュームがあるかを把握する

人の体型は、「上半身にボリュームがあるか」「下半身にボリュームがあるか」でざっくりと分かれます。自分がどちらかわかれば、似合う服も手に入れやすくなります。目安として知っておいてください。

ただ、すべてはっきりと分かれるわけではなく、上の要素も下の要素もミックスされている人が多いでしょう。左のチェックリストの「どちらが多いか」で把握しましょう。

ミックスされている人ほど混乱するかもしれませんが、実は形もいくつかのものが似合うラッキーな人。そういう人は、地道ですが、やはり試着をして「これは似合う」と見つけていくのがいちばん確実な方法です。

自分に似合うアイテムや、ネックラインを選ぶ際にこれを知っているととても便利です。

The upper Body

[上半身にボリュームがある人]

□ ハト胸である

□ 全体のバランスから見て膝下がすっきりしている

□ 手のひらや足のサイズが小さい

□ 二の腕が太い

The lower Body

[下半身にボリュームがある人]

□ 全体のバランスから見ると胸の上あたりが寂しげに見える

□ ボトムスを選ぶときウエストよりお尻が気になる

□ 首が長い人

□ 足が短い人

服を選ぶときは下半身から決めると失敗しない

さて、「似合うもの」を選べたところで、次はコーディネートです。似合うものさえ持っていればコーデは簡単ですが、それでも、「そのとき」「その場」に合った服をすぐ選べるようになっていると楽しいし、便利です。

たとえば、ママたちの会話では、おしゃれな人を見ると「やっぱりあの人はおしゃれよね」と褒め合うところから始まりますが、ちょっと場にそぐわない服を着ているだけで、「でも、ここであれはなかったよね。おしゃれかもしれないけど」なんて話になる可能性はあります。それはオフィスでも同じですね。

子連れでヒールを履いていたら、いざというときに走れません。年齢を重ねたときにその場に応じたコーディネートができていなければ、周りの人たちからは心からおしゃれとは思ってもらえないのです。

では、場に応じた服はどうやったら選べるのでしょうか？　その答えはとても簡単。服を選ぶときは、**まずボトムスや靴から考えると、必ずその場に合ったコーディネートになります。**

・友達が赤ちゃんを連れてくるからお世話のお手伝いがあるかも。スカートはやめよう。

・今日は打ち合わせで座って話す時間が長そうだから、シワにならないボトムスを選ぼう。
・自転車で買い物に行くから動きやすいデニムとスニーカーで。
・学校で三者面談だからきちんと感の出るセンタープレスのパンツで。

右のように、自分の一日を想定して下半身から服を決めていってください。**こうすることで、嫌みはないけれど、ちょっと素敵な自分になれます。**

ポイントは、おしゃれのチャンスを見逃さないこと。楽だし動きやすいからといって、毎日デニムにスニーカーだとつまらないもの。女子会に行く日はヒールを履いたり、パパが一緒の日はスカートを履いたりと、その日を思いっきり楽しめるボトムス&靴を選びましょう。

この本では、スニーカーも数多く登場させました。やはり、パンプスの方がおしゃれには見えるのですが、スニーカーしか履けない場面も日常生活には多いはず。スニーカーもマスターすれば、もちろんおしゃれに楽しめますよ!

ダークカラーを合わせると、統一感が出る

家族でショッピングモールへ。ボーダーにパールのアクセサリーはおすすめのセットです。品がいい可愛らしさになります。ボーダーとトートとスニーカーにダークカラーをリンクさせて、まとまり感を出しています。

glasses：JINS
pierce・bracelet：JUICY ROCK
necklace：jewelry shop M
ring：Cartier
watch：Michael Kors
tops：ボーダーボートネックT：ユニクロ
skirt：タックスカート：ユニクロ
bag：L.L.Bean
shoes：new balance

Tシャツをなめらかなものにすると、カジュアルなのに女性らしくなる

子供と遊園地へ。両手が空くリュックに合わせて、全体的にカジュアルな雰囲気にしています。Tシャツの素材はなめらかにすると女性らしさが足せます。

pierce：Salt
necklace：BEAUTY & YOUTH UNITED ARROWS
bracelet：CHAN LUU
watch：CASIO
sunglasses：ZARA
tops：ボックスT：ユニクロ
inner：リブタンクトップ：ユニクロ
denim：スリムボーイフレンドフィットアンクルジーンズ：ユニクロ
bag：KANKEN
shoes：adidas

グレーは派手色をなじませる

高校時代の友だちとお食事会の服。華やかさが欲しい日は、赤を取り入れましょう。派手になりすぎないように、周りはグレーを。色をなじませて、赤を品よく着ることができます。

pierce・bracelet：JUICY ROCK
bracelet：ModeRobe
ring：Cartier
watch：ZARA
stole：macocca
cardigan：エクストラファインメリノクルーネックカーディガン：ユニクロ
skirt：ミラノリブカットソーミディアムスカート：ユニクロ
tights：Calvin Klein
shoes：ZARA
bag：PotioR

色のコントラストが強いとおしゃれ見えする

子供を迎えに行くまでの間、ママ友と子供会ミーティング。気合を入れたおしゃれをするほどではないけれど、少しだけおしゃれ見せしたい日のコーデ。キャメル×ネイビーでコントラストを強めて、おしゃれに見せています。

coat：ウールブレンドPコート：ユニクロ
sweater：カシミヤタートルネックセーター：ユニクロ
denim：ウルトラストレッチジーンズ：ユニクロ
shoes：UGG
bag：Louis Vuitton
pierce・bangle：JUICY ROCK
watch：NIXON
stole：BUYER

トップスは、「なりたい自分」から選ぶ

下半身をTPOに応じて選んだら、トップスはその日「なりたい自分」のイメージで選びましょう。

すべてのコーディネートは、

下半身⇓TPO

＋

トップス⇓「なりたい自分」

でおしゃれになります。

その日の「なりたい自分」をできるだけ具体的にイメージしてください。

子供の学校に行く日なら、落ち着いたしっかりしたママに見られたい、仕事で大事なプレゼンの日ならば信頼してもらえるような雰囲気を出したい、女子会に行くときは華やかさを出したいなど、さまざまでしょう。

自分の持っているアイテムから、そのイメージに近い服を選んでください。詳しくは、巻末にTPO別コーデを載せましたので、参考にしてください。服を選ぶ上で「なりたい自分」をイメージすることがおしゃれの第一歩です。ぜひ、これは毎朝習慣づけてください。

襟がついたものを着ると、それだけで行ける場所が増える

「母が急に来た」などのとき、シャツを着ていると、カットソーを着ているときよりも、ちょっといいお店にお食事に行けたりなど、選択肢が増えます。シャツを普段から着ていると行動範囲が広がります。

shirt：プレミアムリネンシャツ：ユニクロ
necklace：R-days

子供とお出かけする日は、洗濯機で洗える服を

公園などに行く日は、洗濯機でガシガシ洗える服で、着がねなく遊びましょう。このコーデは、カジュアルになりがちなボーダーに、赤で差し色を入れることで、おしゃれに見せています。

pierce：jewelry shop M
watch：ROLEX
ring：Cartier
bag：BEAUTY & YOUTH UNITED ARROWS
tops：ボーダーボートネックT：ユニクロ
denim：スキニーフィットテーパードジーンズ：ユニクロ
shoes：Boisson Chocolat

おしゃれに見えるのは、ごちゃごちゃしていないから

大人がいちばん美しく見えるのが「シンプルで色数が少ない」コーディネートです。

たくさんの重ね着や、いろいろな色を使うのは若々しく見えますが、反対に色に負けてしまったときは、「痛々しさ」の原因になります。ごちゃごちゃはおしゃれの敵です。


ごちゃごちゃの原因はふたつあります。

1. アイテムそのものが派手すぎる場合
柄物でさまざまな色が使われていたり、フリル、レース、リボン、ビジューなどがついたりした服のことです。これらの服は、華やかさがあり一枚でコーディネートが決まると思われがちですが、とにかく合わせる服が難しいです。また、アクセサリーやバッグ、靴などの小物とケンカしてしまいます。

2. コーディネートが盛りすぎている場合
「襟付きのシャツの上にニットを重ね、その上にコートを着てストールを巻き、帽子をかぶる」「ボーダーの上にクルーネックのカーディガン、その上にアクセサリー」といったような、いわゆる重ね着です。

重ねて着るのって普通じゃないの？　と思う人もいると思いますが、**重ねて着るの**

は、2枚まで。こうすることでびっくりするほどすっきりします（それでは寒いという場合には、インナーにヒートテックを重ね着しましょう）。

シンプルなものを重ねて着た場合でも、形が違うとそれだけで「ごちゃごちゃ」します。色だけでなく、形や素材も重ねて着るとごちゃごちゃに見えます。

いちばんおしゃれなコーデが完成するのは、「少し足りないかな？」と思うほどのシンプルな上下の組み合わせに、バッグや靴などの小物を足すこと。**髪型やアクセサリー、そして袖をまくるなどの着こなしを足すのも立派なコーデのひとつ**。これを洋服の組み合わせと同じレベルで考えられる人がおしゃれなのです。

「洋服自体の組み合わせは、すっきりとシンプルに」こそがポイントです。

なめらかな素材を身につけると、それだけでキレイ目になる

「素材」が大事なのは、服の印象をいちばん大きく決めるからです。たとえば「今日ははじめての人に会うから、キレイ目な服でいきたい」という日があったとします。こんな日に注目すべきは、「キレイ目の素材」です。

「着ていく服がない！」となるのは、印象が違う服を持っていないから。それぞれの素材の印象を知って、幅広く持っておくのがいちばんおすすめです。「キレイ目」「カジュアル」、「その間にあるものいくつか」を持っているのがベストです。

また、素材にも、自分に似合う似合わないがあります。これは大事なことなので、覚えておいてください。似合う素材を持っているだけで、おしゃれ度は格段に上がります。

しかし、何度も言いますが、似合わない素材は持っていてはいけないわけではありません。素材は、いろいろな雰囲気のものを持っていると便利ですので、似合わせテクニックで似合わせましょう。

たとえばシャツがもう一枚欲しいとき、すでに持っているものと同じ素材ではないか確認してみてください。何も考えずに欲しいものを選ぶだけだと、同じような素材ばかりを選びがちです。50ページの表を参考にしながら、印象の違う素材を取り揃えることで、格段にクローゼットの幅が広がります。

Material

ニットも網目の大きさでイメージが変わります

① ② ③

① アゼクルーネックセーター ② コットンカシミヤケーブルクルーネックセーター ③ UV カットクルーネックカーディガン　全てユニクロ

① **ローゲージ**（ざっくりとした大きな網目）
⇒ほっこり・幼い・ボーイッシュ

② **ミドルゲージ**（ハイゲージとローゲージの中間程度の網目）
⇒ 自然体・ナチュラル

③ **ハイゲージ**（網目が小さくなめらか）
⇒ キレイでハンサムな印象・落ち着いている

いちばん使える素材は「コットン」

「素材」は服にかなり大きな印象を与えています。「形」や「色」と同等の威力があるのです。しかし、形や色に比べて素材は見落としがち。**他の人が気づいていないからこそ、素材と色の組み合わせを考えるとおしゃれ度が上がります。**

たとえば、服を着たときに「服がケバく見える」「派手すぎて着られない」ということはありませんか？　そういうときは、たいてい「キレイ目寄りの素材で派手な色」を着ている場合が多いです。また、その反対に「子供っぽくて痛々しい」場合は「カジュアル寄りの素材で派手な色」を着ているときです。

素材を見る基準はそんなに難しくありません。**キレイ目か、カジュアルかです。**50ページの表を参考にしてください。難しく考える必要はなく、レーヨンなどのとろっとした生地ならばキレイ目、ざっくりニットならカジュアルなどと考えてください。キレイ目寄り、あるいはカジュアル寄りの素材で鮮やかな色は避けましょう。また、いちばん使えるのはキレイ目寄りでも、カジュアル寄りでもない、両方ともに使える「コットン」や「デニム」などの素材です。表にある、中央部分の素材です。

ネイビー×レーヨンは大人の品のよさを出す最強の組み合わせ

私が考える色と素材の組み合わせが最強のものは、「コットンの白」です。清潔感ナンバーワンなのが白。特にコットンの白は若々しさと快活さを出してくれます。もうひとつ持っていて困らないのは、「ネイビー×レーヨン」。レーヨンはキレイ目の素材の代表格。これにネイビーだと、女性を品よく見せてくれます。

また、「黒のレザー」も持っておきましょう。レザーもキレイ目素材です。これは、コーデに大人っぽさを足してくれる黒で持つと、洗練されたイメージを与えます。

キレイ目もカジュアルも自由自在！
素材を知ろう

[キレイ目]
シルク
モヘア
カシミア
レーヨン
やわらかい
コットン
ハリのある
コットン

黒、白、グレーの「ベーシックカラー」は持っておくとヘビロテする

私が考えるベーシックカラーとは、「黒」「白」「グレー」の3色のこと。これらは「無彩色」と言われます。無彩色とは、赤も青も黄も混ざっていない「色のない色」のこと。ですので、個性が薄く、どんな色とも相性がいいです。

毎年、トレンドと言われるカラーが出てきますが、この3色だけはどんな流行にも左右されないベーシックカラーなので、着ない年はありません。

ベーシックカラーは、どんな色とも確実に合い、しかもはやりすたりがない最強の色とも言えます。ですので、「色合わせに悩んだら、トップスかボトムスを無彩色に」「コーデを考える時間がない日は、上下とも無彩色に」「合わない色同士でも無彩色が入るだけで合うようになる」など無敵。

特に、自分に似合う形の服を見つけたときはこの3色のうちどれかを持っておくと、トレンドアイテムを合わせたときに流行に左右されすぎていない、「その人らしいコーデ」をつくるのが簡単になります。

この3色のうち気をつけるとしたら「黒」。何にでも合わせやすいですが「重たく」「フォーマル」「男性的」なイメージになりやすいです。コーデに慣れないうちは面積を少なくしたり（ノースリーブや半袖にしたり）、Vネックにすると顔まわりをすっきり見せられたりします。また、顔から遠いボトムスに取り入れるとうまく着こなせます。

オールホワイトは無敵コーデ

オールホワイトはとにかくおしゃれ上級者に見せます。ストールや、シャツの肩がけ、腰巻などをどこかに入れて、立体感を出すのを忘れないようにすると完璧です。

cardigan：UV カット V ネックカーディガン：ユニクロ
tops：ボートネック T：ユニクロ
denim：ウルトラストレッチジーンズ：ユニクロ
watch：ROLEX
bracelet：CHAN LUU

コーデに悩んだら、黒白グレーのみでつくると失敗しない

足元に白を持ってくると、重たいカラーが一気に軽くなります。靴を白にすると、女性らしくなって、ちょうどいいバランスになります。

tops：ビッグシルエットポケ付き T：ユニクロ
bottoms：ストレッチクロップドパンツ：ユニクロ
shoes：adidas
watch：NIXON

似合わない色はない

「自分に似合う色」を知っていますか？　実は、似合わない色というものはありません。**正確に言うと、どんな色でも「トーン」を変えれば必ず似合うようになります。**

たとえば同じ「青」でも、真っ青が苦手な場合、少しグレーがかった青なら似合ったり、パステルブルーだったら似合ったりします。「私は青が似合わない」と決めつけず、同じ色のトーン違いをさまざまに試してみて、似合うトーンを見つけてください。

たくさん色を試して、それぞれの色の持つイメージを、ぜひ味方につけてください。特に、トップスでもボトムスでも絶対に持っていた方がいいのは「白」です。白はとにかく誰にでも好印象と爽やかさを与える色です。また、ボトムスの白はマンネリコーデを一気にあか抜けさせます。

ひと口に白といっても、より自分に似合う色を持っていると最強です。たとえば、白には大きく分けて4種類あります。「純白」「オフホワイト（純白を少し柔らかくした色）」「アイボリー（ちょっと黄色）」「オイスターホワイト（ちょっとグレーがかった牡蠣のような色）」です。といっても、覚えていなければいけないわけではなく、お店で白を見かけたときに、なんとなく気に留めておいて試着をおすすめします。意外な宝物に出合えるかもしれません。**見つけるポイントは、明るい蛍光灯の下で、自分の顔色がぱっと明るくなるものです。**

また、たくさんの色を持つ必要はありません。やはりおすすめするのは、前項の白、黒、グレーのベーシックな色。ベーシックが揃うと、基本の自分に似合う服は出来上がっているはずですので、その後から色集めを始めた方が「色迷子」になりません。

White
［白］
清潔感・素材のイメージがより伝わる

Black
［黒］
引き締め効果・高級感

Gray
［グレー］
どんな色にもなじむ・上品さ

Red
［赤］
華やか・強さ・暖かさ

Blue
［青］
爽やか・落ち着き・冷静さ

Green
［緑］
安心感・意外とどの色にも合う

Yellow
［黄］
暖かい印象・まわりまで明るくなる

Pink
［ピンク］
柔らかさ・女性らしさ・若々しさ

Brown
［ブラウン］
温かみ・適度な重さ

Navy
［ネイビー］
知的さ・色っぽさ

洋服は３色まで

コーディネートするときに、色の数を3色以下にするとぐんとあか抜けて見えます。若い人は、たくさんの色を使ってもおしゃれに見えますが、年齢を重ねるとカラフルな色に負け、服に着られているように見えてしまうからです。反対に年齢を重ねれば、色を抑えたコーデはシンプルでかっこよく映るのです。

とは言っても、すべてを派手な色の３色で合わせてはいけません。

ルールとして白は色数に含まず考えてください。また、小物や靴も忘れず1色に数えてください。

まずはコーデのメインカラーを決めます。これは、最も大きな面積を占めるもので、この色が全体のイメージを決めます。メインカラーでのポイントは「原色は避ける」こと。原色は強い色なので、見る人をぎょっとさせ、シンプルなコーデの意味がありません。

たとえば、59ページのいちばん上の例だとメインの色は薄いピンクです。これで柔らかさを出します。

その後、サブカラーを選びます。サブカラーは、メインカラーの次に面積が大きいもの。59ページのいちばん上ですと、デニムのブルーになります。クールなブルーで甘くなりすぎないようにします。メインのピンクにクールなブルーを足すことで、爽

shirt：エクストラファインコットンオーバーサイズシャツ：ユニクロ
denim：スキニーフィットテーパードジーンズ：ユニクロ
bag：ノーブランド
shoes：ZARA
watch：CASIO

やかさがプラスされます。たとえばここに黒を足せば、かっこよさを足すことになり、またベージュを足せば落ち着き感を足すことになります。

最後にアクセントカラーです。これは、小さい面積で。全体を引き締めたり、目を引いたりする効果があります。写真ではパンプスの赤がアクセントです。コーデを引き締め、華やかさを出しています。アクセントカラーはメイン、サブとは違った濃い色や、全然違った色を足すのがコツ。

この法則を守れば怖いことはありません。

ひとつ、絶対に失敗しないおすすめの組み合わせがあります。それは「黒・白・グレーのうち2色＋1色」にすることです。ベーシックカラーの2色をメインに持ってくると、都会的な雰囲気が生まれます。色合わせで悩んだ日には、白と黒だけのモノトーンにすると、簡単な割にぐっとあか抜けます。

また、左の真ん中のコーデのように、茶色にオレンジなど「同じ系統の色」でつくるのもおすすめ。**同系統の色でまとめると、大人のシックな落ち着き感が出ます。**茶色とオレンジは同じような印象を持ち、それがストレートに伝わるからです。

いちばん下のコーデのように、「黒か白の1色＋アクセントカラー」にすると、コントラストが強くなります。これは、「存在感を強めたいとき」「相手の印象に残りたいとき」におすすめ。華やかな場に着ていくといいでしょう。

1
pink

＋

2
blue

＋

3
red

＝

メインカラーは
薄いピンク

サブカラーは
デニムの青

靴を赤で差し色に。
必ず小さい面積で

tops：クロップドクル
ネックT：ユニクロ
denim：セルビッジデ
ムアンクルジーンズ：
ニクロ
pierce：JUICY ROCK
necklace：jewelry shop
bag：Anya Hindmarch
shoes：Boisson Chocola
watch：CASIO
ring：Cartier

1
beige

＋

2
orange

＝

メインカラーは
ベージュ

同系色を持ってくる
ことで、大人っぽい
雰囲気が出るとともに足も長く見えます

tops：シアサッカーT
ラウス：ユニクロ
inner：リブタンクト
プ：ユニクロ
bottoms：スマートスタ
ルアンクルパンツ：ユ
クロ
bag：ZARA
shoes：Boisson Chocola
pierce：lujo
necklace：BEAUTY YOUTH UNITED ARROWS
ring：Cartier
bangle：JUICY ROCK
watch：NIXON

1
black

＋

2
yellow

＝

メインカラーは黒

アクセントに、華やかな黄色でコントラストを。2色なら上品で華やか

coat：チェスターコ
ト：ユニクロ
skirt：ストレッチスカ
ト：ユニクロ
bag：ZARA
shoes：FABIO RUSCO
sweater：カシミヤVネ
クセーター：ユニクロ
necklace：R-days
pierce・bracelet：jewel
shop M
bracelet：JUICY ROCK
watch：ROLEX

コーデに困った日は、ワントーンコーデにどんどん頼る

ワントーンコーデは、年齢を重ねた女性の特権です。若い人がすれば地味に見えてしまいがちですが、年齢を重ねた女性がすると、エレガントでセンスのいい上級者のコーデになります。

朝コーデが決まらないときは、どんどんワントーンコーデに頼りましょう。

ワントーンコーデで使うべき色は、左ページのような「白・黒・グレー・ベージュ」です。この色は、失敗しない上に、驚くほどおしゃれに見えます。この4色は、さまざまな素材で数多く売られているものでもあるので、似合わせやすくもあります。気をつけるべきはネイビー。ネイビーもいいのですが、フォーマルになりすぎて、制服や発表会の衣装のようになってしまう場合があります。

ワントーンコーデのポイントは、ストールを巻いたり、ハットやサングラスなどの小物をつけたりして立体感をより意識したコーデにすることです。

今まで、自分の似合うアイテムを着ることの威力をお伝えしてきましたが、このワントーンコーデのトップスを、自分が似合う素材と形で着たら、とてもあか抜けます。特に、似合う首のアキ（ネックライン）だと完璧です。

Black

黒はシルバーを差すとかっこよくなる

黒にシルバーのアクセサリーや、サンダルなどを入れると海外セレブのようになります。デニムシャツやカジュアルなものを入れると合わせやすいです。これにスニーカーでも可愛いです。

pierce：JUICY ROCK
necklace・bangle：PHILIPPE AUDIBERT
sunglasses：ZARA
watch：ROLEX
one piece：シアサッカーワンピース：ユニクロ
shirt：デニムロングシャツ
bag：Anya Hindmarch
shoes：ZARA

White

白は小物で濃い色を差す

白は濃い色を足すと立体感が出ます。ここでもハットのリボンやバッグの持ち手が黒です。引き締まってスタイルがよく見えます。白いアイテムを買うときは、ワンサイズ大きめに。むっちりしないので、すらっと見えます。

pierce：JUICY ROCK
necklace：SUGAR BEAN JEWELRY
tops：シアサッカーTブラウス：ユニクロ
skirt：シアサッカーフレアスカート：ユニクロ
bracelet：ma chere Cosette
watch：NIXON
hat：reca
bag：Sans Arcidet
shoes：Odette e odile

Beige

ベージュは色の濃淡をつける

ベージュは、濃い×薄いにしましょう。同じくらいの濃さにしてしまうと、のっぺりして肌着のように見えてしまいます。靴は重い色よりも軽い色を合わせると浮きません。

pierce：STYLE DELI
necklace：BEAUTY & YOUTH UNITED ARROWS
bracelet：jewelry shop M
ring・watch：Cartier
trench coat：トレンチコート：ユニクロ
sweater：コットンカシミヤケーブルクルーネックセーター：ユニクロ
bottoms：ミラノリブカットソーワイドパンツ：ユニクロ
stole：HAPTIC
bag：PotioR
shoes：adidas

Glay

グレーは必ず素材を変える

グレーはフォーマル感を出す色なので、キレイ目に着るとスーツっぽく見えてしまいます。カジュアルに着るポイントは、素材を必ず変えること。これだけで品よくこなれて見えます。

stole：Johnstons
pierce・bangle：JUICY ROCK
ring：Cartier
watch：ZARA
sweater：アゼクルーネックセーター：ユニクロ
bottoms：ストレッチクロップドパンツ：ユニクロ
bag：ノーブランド
shoes：New Balance

Chapter

2

Basic rules

［第２章］

これさえ知っておけば着る服に困らなくなる

服のラインを知っておけば、コーディネートに困らない

A
Line
可愛いAライン

pierce：JUICY ROCK
necklace：BEAUTY & YOUTH UNITED ARROWS
bracelet：CHAN LUU
cardigan：**UVカットクルーネックカーディガン：ユニクロ**
one piece：**シアサッカーワンピース：ユニクロ**
bag：Sans Arcidet
scarf：GU
shoes：Odette e Odile

I
Line
かっこいいIライン

pierce・necklace：R-days
watch：ROLEX
bangle：PHILIPPE AUDIBERT
bangle：lujo
cardigan：**ミラノリブジャケット：ユニクロ**
tops：**クレープキャミソール：ユニクロ**
denim：**ウルトラストレッチジーンズ：ユニクロ**
bag：FURLA
shoes：SEVEN TWELVE THIRTY

Y
Line
おしゃれなYライン

Pierce：JUICY ROCK
necklace：R-days
watch：ROLEX
bangle：lujo
sweater：**カラーネップセーター：ユニクロ**
shirt：**エクストラファインコットンオーバーサイズシャツ：ユニクロ**
bottoms：**ストレッチクロップドパンツ：ユニクロ**
bag：ZARA
shoes：adidas

「Iライン」「Yライン」「Aライン」と聞いたことがあると思います。よく聞く言葉ですが、これを知っておくと、いつもと違ったイメージのコーディネートをすることができるのでとても便利です。

まず、「Iライン」はキレイ目、「Yライン」はカジュアル、「Aライン」は可愛い印象を与えます。「Iライン」は上下ともに細身ですので、スラリと「キレイ目」に見えます。「Yライン」は上半身がゆったり、下半身が細身の動きやすい「カジュアル」。しかもYラインは細いボトムスを合わせるので、「大人カジュアル」というのがぴったりです。「Aライン」は上半身がコンパクト、下半身にボリュームなので、女らしい丸みのある「可愛い」です。これを使って「今日は三者面談だからキレイ目にしたい」という日には「Iラインにしよう」と思うだけで簡単にキレイ目コーデを目指せます。

この3つのパターンを知らないと、いつも「Aライン」になったりします。そうすると、キレイ目でいきたい日も可愛い雰囲気になってしまうので注意が必要です。

この中で普段使いに便利なのはYライン。大人っぽさの中にカジュアルがミックスされると、いちばんおしゃれに見えるからです。Yラインを毎日のコーデの基本にして、「今日はキレイ目でいきたいからIライン」「可愛く見せたいからAライン」など変化球を入れていくのがいちばん簡単です。

Yラインだと、普通のアイテムを合わせているだけでもおしゃれに見える

キレイ目と、カジュアルの雰囲気を両方見せてくれるのがYライン。Yラインを着ているだけで、自然とこの両方がミックスされることになり、おしゃれ上級者に見せてくれます。また、上半身ががっちりしてごつく見えがちな人を、華奢にも見せてくれます。

つくり方は簡単、上半身はゆったり、下半身は細身のものを合わせるだけです。

Yラインのポイントは「トップスに女性らしさ」を心がけること。**トップスは柔らかさが出るものを選びます。レーヨンやシルクなどのとろみ素材だけでなく、大きめのコットンシャツなどでもOK。**硬いカウチンやざっくりとした大きな網目のニット、ハリ感の強いシャツなどでもYラインにはなるのですが、おしゃれには見えなくなるのでやめましょう。

ここでVネックを選ぶと、より華奢に見えます。胸元に抜け感をつくることでツヤも出ます。また、シャツの場合は、79ページのように、必ず襟を後ろに引っ張って抜きましょう。襟を抜くと鎖骨が通常より見え、華奢感が強調されます。

ボトムスは、細身のパンツにしましょう。といってもスキニーだけというわけではなく、アンクルパンツやストレッチクロップドパンツのような「細身に見える」ものならなんでもOK。ジャストサイズのものにしましょう。またはスカートなら、タイトスカートはOKです。このYラインのときにしてほしいのが、78ページのような「前だけイン」でウエストマークし、お尻を半分くらい隠すこと。スタイルがよく見

えます。

裾はたるませないようにしましょう。裾がくしゅくしゅとなっていると野暮ったくなってしまいます。先端を徐々に細くしていくイメージで足元をつくるのがベスト。

Yラインは上半身にボリュームを出すものなので、ボリュームがあるパンツを選ぶと太って見えてしまいます。パンツの先が細いと、Yラインは足を細く見せます。

Yラインは首元を大きく開く

首元が大きく開いていれば大人っぽく見えます。また、前だけインするときは、ぴったり入れずに、必ずブラウジングさせて立体感を出しましょう。

Iラインは「腰まわり」さえマークしていれば失敗なし

キレイ目を手に入れたいならIライン。このラインは、体型をスラッと細く見せたい人におすすめ。また、背を高く見せる効果もあります。

つくり方は、上下ともになるべく細身のものを合わせること。両方ジャストサイズを選びましょう。何度も言いますが、ジャストサイズとはピタピタのサイズのことではなく、ちょっとだけゆったりしたものです。ボトムはYラインのときに使うものと同じ。IとYの違いはトップスです。

Iラインは、「もさっとした体型に見えないかな?」と心配する人もいると思いま

Iラインを簡単につくるのはロングカーデ

ロングカーデをはおると、縦ラインを強調してくれるので、痩せて、背も高く見えます。

す。たしかに、間違えるとズドンとしたメリハリのない体型に見えてしまいます。**Iラインをつくるときのポイントは、必ず鏡で横から見て確認をすること。**上も下も、どちらかにボリュームが偏っていなければOKです。Iラインは上下のサイズを同じくらいに揃えるのが秘訣。

心配な人にはベルトやインなどでのウエストマークをおすすめします。「腰まわり」に気をつけるとバランスがとりやすいので、ボリュームに気をつけられます。また、ウエストマークすると足が長く見えます。

ロングのはおりも、Iラインをつくりたいときに便利なアイテムです。太ももの太い部分が隠れるロング丈にしましょう。よりすっきりしたシルエットになります。デコボコを見せないシルエットにすると成功です。

また、なるべく派手な色や柄を使わないようにすると、すらっとキレイに見えます。取り入れるならストライプです。最後に、靴とパンツの色を合わせると、パンツと靴がつながって、足が長く見えます。

簡単にIラインをつくるコツは、上下を「同じ色」にすること。このときは、異なる素材のものを合わせるようにしましょう。たとえば、レーヨン+デニムなどです。こうすることで、奥行きが出て立体感が生まれます。すべてのコーデに言えるのですが、「どこかに立体感を出す」ことができれば、おしゃれに見えます。

Aラインは
可愛くて上品を生む

「可愛くて上品」をつくりたい日なら、何と言ってもAラインです。また、日本人の体型にいちばん似合うコーデとも言えるので、マスターしておくと便利です。

上半身はコンパクト目に、下半身はふんわりとボリュームが出るものを合わせます。つくりやすいのは、トップスなら体に沿うリブ素材や着丈の短いTシャツ、下はフレアスカートやガウチョパンツなどです。

また、いちばん簡単にAラインをつくれるのが、左ページ写真のような、元々Aラインのワンピースです。胸の下から切り替えになっているものだと、ウエストの位置が高く見え、足長効果があります。

スカート丈は膝が隠れるものを選びます。膝が隠れることでどこから膝下かがわからなくなり、足が長く見えます。

注意点は、コロンとしたシルエットなので、幼く見えてしまうこと。Aラインの敵は「痛々しく見えてしまう」ことです。**絶対にしてはいけないのは、Aラインのワンピースに派手な柄やリボンやフリル、ロゴのはいったものを選ぶこと。**可愛いの洪水で、恐ろしいことになります。

ポイントは「素材」です。大人っぽい素材を選べば失敗しません。滑らかで、下にストンと落ちるものや、ツヤのないもの。クレープやシアサッカー、ミラノリブ、ハイゲージなどがおすすめです。

また、コットンなどカジュアルな素材だと、大人の女性が着ると部屋着感が出てしまうので、これもよそいきには避けましょう。

Aラインが苦手な人は、似合わない素材だった可能性大

Aラインは、他のラインに比べて、ふんわり感が素材で変わります。ですので、素材が似合わないものを着てしまうと、Aラインは失敗しがち。一度着て似合わなくても、別の素材を着てみると似合うことがあります。

何よりもおしゃれに見えるには「自分だけのユル感」を投入すること

ここまで、3つのラインについて説明してきましたが、このうちの1つは必ず特別に似合うものです。ぜひそれぞれ試して、似合うものを発見してください。2つ似合う人もいるかもしれません。

もちろん、自分が似合わないラインをしてはいけないわけではありません。これを似合うようにするのが「ユル感」です。これを多少調節するだけで、自分に合ったラインになります。

ここでのポイントは「サイズ」です。ユル感とは、32ページでも説明した、洋服によって違う自分に似合うサイズのものを投入すること。

たとえば、Aラインをつくりたくて「ぴったりとしたリブタートル＋プリーツスカート」を合わせてみたとき、ものすごく華奢で首が長い人だったら、この組み合わせがオードリー・ヘップバーンのようで可愛いかもしれません。しかし、ただ着太りして見えるだけの人もいます。**ここでトップスには、いちばんスタイルよく見えるサイズを投入してください。**

同じコンパクトなものでも、ぴったりしすぎのリブタートルより、タートルではない細身のコンパクトニットだったら似合うかもしれません。または少しゆったりめのタートルなのかもしれません。

自分に合ったユル感のアイテムを身につけると、おしゃれに見えます。雑誌通りに再現して、自分に似合うことはまれ。全体的なＡＩＹのラインは壊さず、最後は自分に合ったユル感で微調整をして似合わせてください。

折り返しや、
髪にはラフ感を

デニムの折り返しも髪型も、少し無造作感を出して、ラフにつくるのがポイントです。海外セレブのようなこなれ感が出ます。

上
tops：レーヨンエアリーTブラウス：ユニクロ
denim：ウルトラストレッチジーンズ：ユニクロ
下
tops：ドレープT：ユニクロ
denim：セルビッジデニムアンクルジーンズ：ユニクロ
shoes：GALLARDA GALANTE
bag：Anya Hindmarch
watch：Cartier

column: 02

丈の長さが「似合う」を決める

トップスを買うときに、「丈」って迷うと思います。長い方がいいのか、短い方がいいのか。

実は自分だけに似合う丈があります。自分のスタイルをよく見せる丈が誰にも必ずあるのです。

トップスの丈は、体全体のバランスも決めています。また、上半身から腰までを細く見せるのも丈。

自分に似合う丈を見つけるには、お尻の形を見ましょう。

スキニーパンツをはいて、鏡の前に後ろ向きに立ってください。自分のお尻の丸みがどこの位置にあるのか確認しましょう。3パターンに分かれるはずです。

1、ウエストのすぐ下にお尻の丸みがある人
2、太ももあたりにお尻がある人
3、お尻のラインがよくわからない、まっすぐな人

1の人は、腰骨の位置くらいの丈が似合う人
2の人は、短い丈が似合う人
3の人は、長い丈が似合う人

「そういえば私は長い丈が似合うから3だな」と逆から答え合わせももちろんOK。便利なので知っておきましょう。

「先端」に動きを出してはじめて、おしゃれは完成する

「今日はなんだかおしゃれに見えないな……」というときも、あわててコーデ全体を変える必要はありません。そんなときに気にするのは「先端」。ここを調節するだけであか抜けて見えることが多いです。たとえば、服の先端とは、襟や袖、ボトムの裾。ここに「動き」が出ているとコーデ全体がキレイに見えてきます。

ボタンを3つあける。袖をまくりあげたり、ロールアップする。**服の先端にあたる、首や手首や足首まわりの服がだぼついていないだけで、清潔感と女らしさが出ます。**これをすると、同じ服とは思えないくらい印象が違って見えます。似合う服はますます似合い、似合わない服でも似合わせることができるテクニックです。これらも「服を着る」うちのひとつと言ってもいいでしょう。

首、手首、足首の三首を出すとこなれ感が出ますが、それは「三首を出すことで、先端に清潔感と女らしさが増し、男性っぽいハンサムコーデの中に女性らしさがミックスされる」からです。

靴も「先端」です。足の甲の出ている量が多いと、女らしさが出ます。また、靴の色を変えるだけで雰囲気もガラッと変わります。

髪型や耳、手首も「先端」です。髪はとにかく動きをつけること。結んだり、ボリュームを出したりするだけで、コーデ全体の雰囲気すら変えます。耳や手首は「光っている」とツヤが見えて女らしさがプラスされます。どんなに小さくてもいいので、ピアスやブレスレットなど、「光っているもの」を入れましょう。

上
pierce：jewelry shop M
bracelet：CHAN LUU
ring・watch：Cartier
shirt：プレミアムリネンシャツ：ユニクロ
下
denim：セルビッジデニムアンクルジーンズ：ユニクロ
shoes：Odette e Odile

立体感があるだけで、どんな服も似合うようになる

とにかく「立体感」を出せば、どんな服もおしゃれに見えます。立体感があるとなしでは同じ服装とは思えないくらい、洗練さが変わるのです。「立体感」を出すことも服を着ることの大事な一要素。

コツは鏡を見るときに「横や後ろも見る」こと。いろいろな角度から見ると、立体感がつくりやすくなります。

Before

[ウエストを入れると足が長く見える]

全部インをすると、きちんとして見えます。
しかし、ウエストゴムのパンツをはく場合は、全部入れるとゴムの感じが出てしまうので、お尻や腰まわりを前だけインしましょう。方法は、全部出して着て、最後に前だけちょっと入れるだけです

初めにインをして、後から引っ張り出してたるませます

インをするとそれだけで足が長く見えます

[袖をまくるだけで女性らしさが出る]

洋服を試着するときにも「袖をまくる」ことを忘れずに

肌を見せる面積を増やせるので、全体のバランスを整えられます。もし似合わない服を着ても、ここをまくるだけでオシャレに見えます

手首の華奢さを見せて、女性らしさを出します

[襟と首のアキはボタンで調節する]

ネックラインが詰まっていると、どうしても首は短く見えます。
こうなると顔も大きく見えてしまって損です

2～3つあけるのを基本にしましょう

襟は、背中の後ろを引っぱり、写真のように抜きましょう。鎖骨がキレイに見えます

[カーディガンは動きが出て便利]

派手な色でも、なじませ色でも、たくさんの色を持っていればいるほどいい

縦ラインを強調するので、着やせして見えます

上半身にボリュームが出て華やかさが出ます

ウエストラインを強調できるので、細く見せます。また、色を足せるのでアクセントにもなります。ウエストラインがもたついている場合のカバーにも

鎖骨下に結び目がくるので、はおるだけよりも、もっとボリュームが出ます。上半身が貧相な人におすすめ

[小物は立体感をつくるのに最高]

アクセサリーや髪は、おしゃれの最強の味方

身長を高く見せます。つまり、スタイルをよく見せます

コーデに奥行きが出ます。明るい色のストールだとレフ板効果もあります

顔まわりは印象を左右します。アクセサリーでツヤをプラスしましょう

手首は意外と見られています。ブレスレットをしていると生活感を消してくれます

hat：reca　shirt：プレミアムリネンシャツ：ユニクロ　cardigan：UV カットクルーネックカーディガン：ユニクロ
pierce：STYLE DELI　bracelet：CHAN LUU　stole：macocca

バッグは「軽さ・重さ」を操れるアイテム

コーディネートをするとき、「軽い」「重い」を考えることができれば、おしゃれ度がぐんと上がります。「今日のコーデはすごく重くなってしまった」「今日はなんだか印象に残らない軽いコーデだな」と思ったときに必要なのはバッグ。「軽さ」「重さ」を調節するのは、バッグなのです。

バッグの軽い、重いの印象は、そのままコーデの印象になります。つまり、バッグが重そうなら重いコーデ、バッグが軽そうなら軽いコーデに見えるのです。重さがあれば男性的なイメージになり、かっこよさや大人っぽさなどが出て、反対に軽さがあれば女性らしさ、または幼さが出ます。**「取引先に会うから、しっかりした印象の重めのバッグ」や、「公園デートだから、カジュアルな軽いバッグ」など、コーデのイメージをバッグで調整することを覚えたら、おしゃれは簡単になります。**

重さ、軽さは「色と素材」で判断できます。黒や茶色などになるほど重く、白に近いほど軽さが出ます。また、赤や緑、青などのビビッドな色も重さを出します。実際の重さでも判断できます。本革は重くキャンバス生地は軽いです。たとえば、右のコーデは左へ行くほど軽いコーデ。大きさは、大きければ男性的、小さければ女性的です。同じ服でも、こんなに印象を変えます。

バッグは、これひとつで、軽い重いの印象が変えられるアイテム。覚えておいてください。

Light

middle

Heavy

持ったときに軽いのが「軽い」もの

バッグを持ったときに、重みがなく軽く感じるのが「軽い素材」。また、色が薄いものも軽いものです。軽ければコーデ全体にカジュアル感が出ます。

stole：Pyupyu
bag：L.L.Bean
shoes：CONVERSE

中間色は「普通」

ベージュやグレージュなどの中間色のものが「普通」の重さ。カジュアルにもキレイ目にも使えるので、便利です。

stole：maccoca
bag：ZARA
shoes：SEVEN TWELVE THIRTY

ダークカラーは「重い」

色がダークカラーだったり、持ったときに「重い」と感じるものが、重いもの。かっちり感やオフィス感を出したいときにおすすめ。

stole：maccoca
bag：PotioR
shoes：ZARA

sweater：コットンカシミヤクルーネックセーター：ユニクロ
denim：ウルトラストレッチジーンズ：ユニクロ
pierce・bangle：JUICY ROCK
watch：Cartier

キレイ目とカジュアルのミックスで4点を狙う

コーディネートをつくるときにおしゃれに見せる大切なポイントがあります。**それは、「カジュアル要素よりキレイ目要素を多く入れる」ということ。**大人がカジュアル要素が多いと、子供コーデになって痛々しく見えます。一方、キレイ目のみでつくってしまうと硬すぎてコンサバになります。カジュアルにキレイ目をミックスするのがベストです。ベストな割合は「キレイ目6か7：カジュアル4か3」です。

わかりやすいように、アイテムひとつひとつに点数をつけ、86ページにまとめました。キレイ目になるほど点数が高く、カジュアルになるほど低い点数です。おしゃれに見せるなら、平均点が3・5点以上を目指しましょう。およばれコーデは、4・5以上です。左ページではどれも同じレーヨンブラウスを使っていますが、合わせるもので印象が大きく違います。

たとえば、「よく歩く日だから、スニーカーは譲れない」ときは、スニーカーは2点なので、平均点は下がります。そんなときは髪型とメイクで底上げします。髪型とメイクも4点と数えましょう。

ボーダーは2点です。これに同じく2点のパーカーを合わせると平均点は上げられず、この合わせは、キレイ目に着ることは難しいことがわかります。「また違うパーカーを買おう」と思う前に、点数の高いキレイ目アイテムを購入する方が断然早いです。点数をつけるといっても、難しく考えることはありません。キレイ目とカジュアルのミックスの参考になればいい程度なので、自分の印象で決めてください。

3.6 Points

ちょいカジュアルコーデ

デニムは、他のアイテムをキレイ目に揃える

デニムをおしゃれに見せるには、デニム以外をちょっとずつキレイ目にしましょう。靴もスニーカーではなく、フラットパンプスやモカシンを合わせると印象が見違えます。トップスもシャツではなく、とろみが入るものを使うとより素敵です。

pierce：Salt
sunglasses：ZARA
tops：レーヨンブラウス：ユニクロ
bottoms：リラックススキニーフィットテーパードジーンズ：ユニクロ
bracelet：CHAN LUU
watch：Cartier
bag：FURLA
shoes：ZARA

4 Points

ハーフハーフコーデ

子供がいるママでもOKなおしゃれコーデ

クロップドパンツは、キレイ目なのにウエスト部分もゴムで動きやすく、しかもスニーカーとの相性も抜群。普段着でおしゃれな服になります。トレンチをはおるだけで、ハンサムな雰囲気が加わります。

pierce：JUICY ROCK
necklace：jewelry shop M
ring：Cartier
bracelet：ma chere Cosette
bangle：MAISON BOINET
watch：NIXON
trench coat：トレンチコート：ユニクロ
tops：レーヨンエアリーTブラウス：ユニクロ
bottoms：ストレッチクロップドパンツ：ユニクロ
bag：ZARA
shoes：adidas

4.7 Points

キレイ目コーデ

シンプルなアイテムを、小物でおよばれコーデに底上げ

センタープレスの入ったクロップドパンツで足を長く見せ、バッグと靴の色は同色にして、しっかりした雰囲気を出しています。トップスは爽やかなホワイト。モノトーンコーデで都会的に見せています。

pierce・necklace：jewelry shop M
watch：CLUISE
bag：PotioR
shoes：Boisson Chocolat
jacket：ソフトジャージーノーカラージャケット：ユニクロ
tops：レーヨンエアリーTブラウス：ユニクロ
bottoms：スマートスタイルアンクルパンツ：ユニクロ

この服はキレイ目？　カジュアル？
洋服の点数表

※点数が低いほどカジュアルです

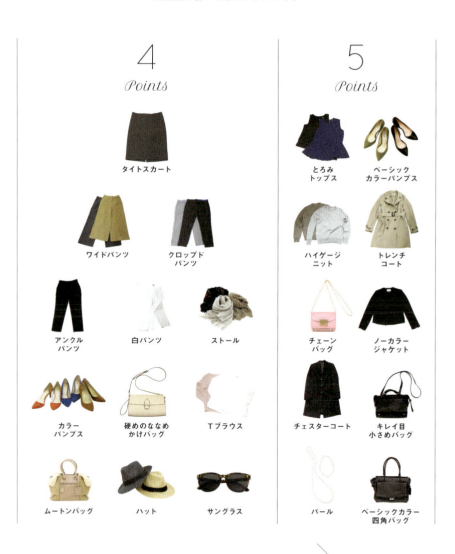

4 Points

タイトスカート

ワイドパンツ

クロップド
パンツ

アンクル
パンツ

白パンツ

ストール

カラー
パンプス

硬めのななめ
かけバッグ

Tブラウス

ムートンバッグ

ハット

サングラス

5 Points

とろみ
トップス

ベーシック
カラーパンプス

ハイゲージ
ニット

トレンチ
コート

チェーン
バッグ

ノーカラー
ジャケット

チェスターコート

キレイ目
小さめバッグ

パール

ベーシックカラー
四角バッグ

→ [キレイ目]

1

Point

ロゴ&
柄トレーナー

スウェットパンツ

白チュニック

普通のTシャツ

スウェット

2

Points

ボーダー

チェック

デニム

ローゲージ
ニット

ロングT
クルーネック

スニーカー

リュック

3

Points

ブーツ

フラット
パンプス

かごバッグ

トートバッグ

ダッフル
コート

Aライン
スカート

ニットカーデ

白シャツ

デニムシャツ

コットンシャツ

[カジュアル]

Chapter 3

Must buy items

［第3章］

これを買うだけで「流行に左右されない」コーデができる

ベーシックアイテムを「自分に似合うもの」で揃えれば最強

シンプルでベーシックなものをどれだけ揃えるかで、おしゃれは決まります。まさしく、おしゃれの土台です。

ベーシックアイテムのよさは、流行に左右されず使うことができるところ。**服に特徴がなくシンプルなので、身につける小物ひとつで雰囲気を変えることができるのです。**トレンドアイテムを取り入れたいときも、ベーシックアイテムと合わせることで、やりすぎ感や頑張っている感のない「その人らしいコーディネート」をつくることができます。

次ページからベーシックアイテムをご紹介します。これらがあると相当便利ですが、難しい人はすべてを揃えなくても大丈夫です。しかし、どれも着回しがきき、クローゼットで眠ることのないアイテムですので、買っておいて損はないアイテムばかりです。

ベーシックアイテムのポイントは、できるだけ自分の似合うもので固めること。これができれば無敵です。

ぜひ自分に似合うものを探すために、試着をしてみてください。

何歳でも似合うのが白シャツ

特に白シャツは、誰にでも似合います。何歳になっても着ることができ、また何が流行しようとも関係ない最高のアイテムです。どんなボトムスとも合います。また、合わせるものによって、キレイ目にもカジュアルにも着られます。

白シャツでいちばん気にするべきなのは、「素材」。それぞれのイメージが違うので、これから紹介する3種類を揃えるのがおすすめです。

その素材は、①コットン、②リネン、③とろみ。

コットンは何と言っても、程よい素材の厚みが「知的さ」を出してくれます。清潔感があるので、好印象を与えたいときにおすすめ。また、リネンシャツは風合いがあり、自然なシワが立体感を出してくれるので、主張しすぎない「おしゃれ感」が簡単につくれます。カジュアルだけどおしゃれに見せるので、たとえば公園に子供と行くときのママコーデなどにおすすめ。前だけインしましょう。また、とろみのシャツは、「女らしさ、柔らかさ」を出します。この素材は、いちばん華奢にも見せます。

どの素材でも、必ずボタンを2つか3つあけ、えりは後ろに抜きましょう。コットンとリネンシャツは、袖もまくり上げましょう。

また、シャツの裾を体の前で見せるとだらしない印象になってしまいます。ですので、必ず前は、インか前だけインが必須です。**特にとろみシャツの場合は、ブラウジングするとふんわり感が出て色気が出ますので、しないともったいないです。**

上
necklace：SUGAR BEAN JEWELRY
watch：Cartier
bangle：JUICY ROCK
shirt：エクストラファインコットンハーフプラケットシャツ：ユニクロ
denim：セルビッジデニムアンクルジーンズ：ユニクロ
下
shirt：エクストラファインコットンハーフプラケットシャツ：ユニクロ
denim：ウルトラストレッチジーンズ：ユニクロ
bag：FURLA
shoes：CONVERSE

白シャツは１枚持っていると コーディネートに困らない

下半身をＴＰＯに合わせて決めたら、あとは白シャツがあれば完成します。また、白シャツは、デニムを合わせるだけで完成する魔法のアイテムでもあります。写真はパンプスでもＯＫ。どちらでもおしゃれに見えます。

デニムシャツは「薄いブルー」だと着回しが最強

左右ともデニムロングシャツ　全てユニクロ

デニムシャツは存在感の強いアイテムなので、着ているだけで「おしゃれな人」という印象がつきます。

まず選ぶポイントは「薄いブルー」であること。柔らかい生地で、少しだけゆったりしたサイズがいいでしょう。

デニムシャツはもともと男性っぽいアイテムなので、「女性らしさ」がマスト。ぴったりサイズのコンパクトなものにしてしまうと、男性的なイメージがより強くなってしまいます。

また、女性らしさのためには、着丈が長めのものがおすすめです。程よいゆとりが、デニムシャツのマニッシュさを和らげてくれます。

着るときには必ずブラウジングし、先端に動きを出して女性らしさを出しましょう。

Tシャツは、最も自分に似合うものを探し当てるとレベルが高くなる

右から　ビッグシルエットポケ付きT　クロップドクルーネックT　ビッグシルエットポケ付きT　ドライカラーVネックTシャツ　ドレープT　全てユニクロ

Tシャツを選ぶときは、「女性らしいもの」を。ネックラインが広めで、とろみのあるものがいいでしょう。年代を問わず女性度を上げてくれます。**持っておくべき色は、白と黒。**白は爽やか、黒はハンサムな印象になります。この2色を揃えた後におすすめなのが、ネイビーとグレーです。ネイビーは品を添え、グレーはカジュアルに見せます。

シンプルなので、その人のスタイルをいちばん映し出すのがTシャツです。ですので、他のアイテムよりも気合いを入れて、自分に似合う「サイズ」「形」を探し出せると、レベルが上がります。「着ると細く見えるもの」が合言葉です。これが探し当てられれば、カラフルな色にチャレンジするのもOKです。似合うものに巡り合うことはそんなにないので、見つけたら同じものを違うカラーで揃えることをおすすめします。

Tブラウスはデニムに合わせるだけで、こなれたおしゃれになる

レーヨンエアリーTブラウス：ユニクロ

Tブラウスというアイテムを聞いたことはありますか？　あえてTシャツとは分けて紹介するほど、万能アイテムです。

襟がないのでややカジュアルに寄りますが、素材がとろみなのでキレイ目に見えます。カジュアルとキレイ目が同居するのです。**これをデニムに合わせるだけで、力の入りすぎないキレイ目カジュアルが手に入ります。**

ユニクロにはいくつかTブラウスがあり、傍目には同じに見えるかもしれませんが、実は首のアキが違ったり、着丈や肩の切り替えが違います。こだわりぬいたものを手に入れると、グンとおしゃれに見えます。

Dressing point

デニムシャツはスカートに合わせるといい

デニムシャツは、スカートと合わせるのがおすすめ。可愛らしくなります。インでもアウトでもＯＫです。袖はまくりましょう。すっきりして見えます。

白シャツを着るときは、女性らしさをミックスすること

元々男性っぽいアイテムなので、まず、ボタンを開け、鎖骨を見せましょう。華奢なネックレスや存在感のあるピアスをするのもポイントです。

shirt：デニムロングシャツ：ユニクロ
skirt：ミラノリブカットソーミディアムスカート：ユニクロ
shoes：CONVERSE

necklace：SUGAR BEAN JEWELRY
watch：Cartier
bangle：JUICY ROCK
shirt：エクストラファインコットンハーフプラケットシャツ：ユニクロ
denim：セルビッジデニムアンクルジーンズ：ユニクロ

shirt：プレミアムリネンシャツ：ユニクロ
bottoms：スマートスタイルアンクルパンツ：ユニクロ

tops：ビッグシルエットポケ付きＴ：ユニクロ
denim：セルビッジデニムアンクルジーンズ：ユニクロ

Ｔブラウスは着るだけでおしゃれ

私はＴブラウスは、ＳからＬまで全部持っています。スカートにはＳサイズ、スキニーにはＬサイズを合わせます。「サイズが違うと違う服」なので、好きなアイテムは全サイズ買いでもいいくらいです。

Ｔシャツは、アシンメトリーにインする

アシンメトリーにインすると、普通のＴシャツがおしゃれに見えます。半袖ですが、忘れず袖も折り返すと女性らしくなります。

ボーダーは、鎖骨が見えるものを選んで爽やかな色気を

ボーダーは、間違えるとカジュアルにしか見えなくなってしまいますが、使い方さえ知ると、ハンサムなコーデや甘いアイテムにも合わせられて、着回しの幅が抜群に広くなります。コツさえつかめば群を抜いておしゃれに見えます。

ボーダーを選ぶときのコツは、まず横に広い、鎖骨が見えるボートネックにすること。ボーダーは横のラインが大事なので、深いVネックなどにするとせっかくのボーダーがさえぎられます。**ボートネックだと、カジュアルなのに女性らしさが足されて爽やかな色気が出ます。**

ボーダーはサイズ選びもキモ。ジャストサイズを選ぶことをおすすめします。ボーダーの横のラインが体の横幅を強調させるため、オーバーサイズになると着ぶくれして見えるからです。特にボーダーでいちばん多い素材は硬いので、気をつけましょう。もしニットなどの柔らかな素材ならばオーバーサイズでもかまいません。

また、幅は細いものにすると大人っぽく、女性らしく見えます。ボーダーが好きでいくつか持っている人は、太い幅もいいでしょう。ボーダーにデニムを合わせるだけのシンプルなコーデでも、ボーダーを太いものにするだけで、インパクトのある着こなしができます。

右　プレミアムリネンボーダーセーター
残り全てボーダーボートネックT全て
ユニクロ

赤いボーダーを着ると
フレンチガーリーになれる

ボーダーというと、黒やネイビーですが、赤も持っているとヘビロテします。また、右のように幅広のものはインパクトが強く素敵です。しかし目立ってしまいがちなので、色数は少なくしましょう。

右
pierce：jewelry shop M
watch：ROLEX
ring：Cartier
bag：BEAUTY & YOUTH UNITED ARROWS
tops：ボーダーボートネックT：ユニクロ
denim：スキニーフィットテーパードジーンズ：ユニクロ
shoes：Boisson Chocolat
左
tops：ボーダーボートネックT：ユニクロ
skirt：ミラノリブカットソーミディアムスカート：ユニクロ
watch：CASIO
bangle：JUICY ROCK
shoes：New Balance
bag：L.L.Bean

薄手ニットは必ず一枚で着る

3つともコットンカシミヤVネックセーター　全てユニクロ

薄手のニットは、一枚着るだけで上品に見えるアイテムです。特におすすめなのは、ベーシックカラー。品がよく、大人っぽくなります。**薄手がいいのは、体のラインが程よく出るから。**厚手だとこのよさは出ません。

ニットには襟がないので、ちょっと油断するとだらしない印象になります。ジャストサイズならばOKなのですが、オーバーサイズなら必ず前をインしましょう。立体感を出すことで、オーバーサイズを着たときにありがちな、のっぺりした印象にならずにすみます。

また、やってはいけないのは下にシャツを着ること。学校っぽくなってしまうので一枚でサラリと着ましょう。寒い日は、下に極暖ヒートテックなどを重ねてください。

薄手カーディガンは持てば持つほどおしゃれになる

右　UVカットVネックカーディガン　中央　エクストラファインメリノクルーネックカーディガン
左　UVカットクルーネックカーディガン　全てユニクロ

薄手カーディガンは、持っていればいるほどおしゃれになります。意外と使えるのが「原色」。普段は買わないような真っ赤や黄色、緑などを思い切って持ちましょう。

トップスを色で冒険するのは、似合う似合わないがあって難しいのですが、カーデは少ない面積で差し色としても使えます。肩がけ、腰巻、はおりや手で持っているだけでもと、用途は広いです。また、トップスを白にすると、どんなカーデでも重ね着ができるのもいいところ。

カーデは、より自分に似合う着丈にこだわってみましょう。長い着丈が似合うのは、上半身が厚い人。短い着丈が合うのは上半身が華奢な人です。クルーネックやVネックなど、どちらでもOKです。クルーネックはフォーマルで女性らしい雰囲気に、Vネックはハンサムでカジュアルな雰囲気になります。

トレンチは、中にカジュアルアイテムを入れて着る

持っていると必ずおしゃれに見えるアウターはトレンチです。

トレンチはキレイ目アイテムですが、**中にはボーダーやパーカーを入れるのがおすすめ。**カジュアルなのに大人っぽい、最強におしゃれな人になります。

また、トレンチで必要なのは「着こなし」。キレイ目なアイテムだからこそ、硬く見えないようにしましょう。先端に動きを出すことを忘れずに、必ず袖はラフにまくり上げ、手首を見せましょう。**ベルトは結ばないこと。そのままポケットの中に入れるとこなれて見えます。**おすすめの色はまずはベージュ。春も秋も季節感が出しやすく、どんな色も似合わせやすいからです。

上半身にボリュームのある人は、いわゆるベーシックなトレンチがおすすめです。ベーシックなものとは、重量感があり、しっかりしたものです。膝丈で、硬く、厚めの生地で装飾はシンプルなものがいいでしょう。

上半身が華奢な人はなるべく生地が柔らかくて軽いものを。着丈は膝より短く、ドレープが入ったような少しフェミニンなものがとても似合います。

骨の感じが強く、横から見たときに体が薄い人は、着丈が膝より長く、カジュアル感の強いものが似合います。

これも、体型によっては複数似合う人もいます。この3タイプを試着してみてください。

上
trench coat：トレンチコート：ユニクロ
下
trench coat：トレンチコート：ユニクロ
tops：ボートネックT：ユニクロ
denim：ウルトラストレッチジーンズ：ユニクロ
pierce：JUICY ROCK

トレンチの中はシャツはやめる

慣れるまでは、トレンチの中は襟のないものにしましょう。シャツなどを着てしまうと、トレンチの襟と、シャツの襟がごちゃついてしまいます。

Dressing point

薄手ニットは襟を後ろに引いて着る

後ろに引くことで、Ｖが横に広がって、鎖骨が見え、女性らしさがミックスできます。

ボーダーは袖まくり必須

ボーダーは必ず袖まくりをしましょう。そうすると、袖の部分と体の柄がつながることがないので、横に膨張するのを防げます。

pierce・necklace：R-days
watch：PierreLannier
bangle：PHILIPPE AUDIBERT
sweater：コットンカシミヤVネックセーター：ユニクロ
bottoms：スマートスタイルアンクルパンツ：ユニクロ

tops：ボーダーボートネックT：ユニクロ
denim：ウルトラストレッチジーンズ：ユニクロ
watch：NIXON
bangle：JUICY ROCK

trench coat：トレンチコート：ユニクロ
tops：ボートネックT：ユニクロ
denim：ウルトラストレッチジーンズ：ユニクロ
pierce：JUICY ROCK

cardigan：UVカットVネックカーディガン：ユニクロ
tops：ボートネックT：ユニクロ
denim：ウルトラストレッチジーンズ：ユニクロ
pierce：R-days
bracelet：CHAN LUU

ベルトは結ばずそのままポケットに入れる

どんなコートもそうですが、ベルトはポケットにそのまま入れるとかっこいいです。結んでしまうと変にシェイプされて、似合わなくなってしまいます。

薄手カーデは差し色にも使える

バッグの上にちょんと置いたりするだけでもおしゃれに見える薄手カーデ。「印象を変える」小物でも、バッグだと買うと高いですが、カーデだと安くたくさん持てますよ。

デニムがいちばん「スタイルよく」見せてくれる

デニムは、キレイ目とカジュアルの真ん中のアイテムです。だから、合わせるものでどちらにも見せられます。デニムに限ったことではないのですが、こういった「キレイ目にもカジュアルにも使える」ものは持っていればいるほどおしゃれになります。

さて私は「ボーイフレンドデニム」はおすすめしません。ボーイフレンドデニムに限らず、太いデニムはモデル級の足でもない限り、ヒールがある靴を履き続けないとスタイルを悪く見せてしまいます。基本の一本には、ボーイフレンドまでいかない「ガールフレンド」タイプを持ちましょう。少しだけゆるっとしていると華奢に見えます。ガールフレンドのデニムのコツは、トップスにコンパクトなものを合わせること。着丈が短いTシャツや、リブニットがおすすめです。

また、ガールフレンドと一緒に持っておきたいのがスキニーデニムです。これらは少しカジュアルテイストの入った、こなれた雰囲気になるYラインのシルエットをつくるのに欠かせません。スキニーはゆったりめのシャツやニットに合わせるだけで、すでにおしゃれなアイテムなのです。

デニムは男性っぽいアイテムですので、スキニーやガールフレンドといった「女性らしさ」を取り入れたものを持っておくのがポイントです。

どのアイテムも、自分に「似合う」ものを持つと無敵ですが、その中でもデニムは、背が高く見えたり、華奢に見えたりと、自分のスタイルをよくします。ジャストサイズの見つけ方で紹介した通り、試着をするときには、必ず後ろからチェックしましょう。

デニムはお尻のラインのチェックも忘れずに。ウエストでチェックしてはいけません。お尻のラインがピタピタすぎてもゆるゆるすぎてもスタイルダウンします。お尻がピチピチになっていないか、あるいはお尻の下にもうひとつお尻ができていないかを確認してください。太ももは程よくフィットしているもの。また、ふくらはぎがボコッと目立つものもやめましょう。

セルビッジデニムアンクルジーンズ：ユニクロ

テーパードパンツはタックのあるなしで判断する

テーパードパンツ（アンクルパンツ）とは、ももまわりがゆったりしていて、裾に向かって細くなっているもの。**はいているだけで自然と足が長く細く見えます。**

このアイテムのポイントは、腰の部分に「タック」が入っているかどうか。自分の体型を見て、上半身にボリュームがある人はタックなしがおすすめ。タックは「丸み」をつくるので、これがあると、上半身とつながってしまって体の厚みが強調され、より大きく丸く見えてしまうからです。また、反対に、下半身にボリュームのある人はタックありにしましょう。タックがお尻を隠して、ウエストの細さを強調してくれます。

テーパードパンツはキレイ目に見えるのに、実はウエストゴムのもの、股上が深いものが多いので、動くことが多い人もラクに着られます。ですので、仕事でももちろんですが、ママも安心してはくことができます。ウエストゴムのものは、すべてインをすると体操する人のようになってしまうので、前だけインにしましょう。

左右ともスマートスタイルアンクルパンツ：ユニクロ

クロップドパンツはスニーカーを合わせてもキレイ目に見える

クロップドパンツとは、7分丈のパンツのことです。クロップとは「切り取る」という意味で、まっすぐな普通のパンツの丈を、その名の通り切り取った形のもの。テーパードパンツより短いものを言います。

このパンツのいいところは短い丈なので、スニーカーにも合うところです。パンツにパンプスはそれだけでおしゃれに見えますが、そうは言ってもいつもは無理なので、スニーカーに合わせやすいクロップドパンツがあるだけでとても便利です。

これも、カジュアルにもキレイ目にも使える万能アイテム。合わせる小物次第でどちらにも変身します。

特におすすめは、センタープレスが入っているもの。この線があるだけで、足がすっきりと長く見えます。普段使いはもちろん、学校行事やお仕事コーデまで使えて、一本で何役もこなします。丈が短い分、寒い季節は厳しいですが冬以外の季節であれば万能に使えるアイテムです。はいて、「パツパツ」にならない、程よいジャストサイズを選びましょう。

左右とも
ストレッチクロップドパンツ：ユニクロ

スカートこそ自分に「似合う形」と「似合わない形」があることを知る

はけばそれだけで「女性」オーラの出るスカートですが、似合う形がはっきりと分かれます。似合えば女性らしい上品さやセクシーさを出してくれますし、似合わないと痛々しくなります。

自分に似合うものの見つけ方は意外に簡単です。上半身にボリュームのある人はタイトスカート、下半身に重心のある人はフレアスカートです。また、骨ばった感じがあり、横から見たときに体が薄い人はマキシスカートが似合います。ひとつだけしか似合わないわけではないので、いろいろと試してください。

もちろん、これだけしかはいてはいけないというわけではなく、組み合わせのトップスのユル感を変えていくなどして、合わせていけば大丈夫。自分に似合うものを探して着るのもよし、似合わないものを似合わせて着るのもおしゃれです。

特に、春夏は思い切って、派手なカラーのスカートにチャレンジしても楽しいです。

下半身であれば顔からも遠いので、派手なカラーも取り入れやすくなります。目立つ色を着ると、やはりおしゃれに見えます。

ロングスカートには パーカー

ロングスカートのときは、パーカーが相性がいいです。重心が下になるので、首回りにボリュームを出すからです。ストールでつくっても OK。

上
右：ストレッチスカート
中央：ミラノリブカットソーミディアムスカート
左：シフォンプリーツスカート
全てユニクロ
下
tops：スウェットパーカ：ユニクロ
skirt：シフォンプリーツスカート：ユニクロ
bag：KANKEN
shoes：NIKE

Dressing point

ウエストゴムは全部インしない

アンクルパンツはウエストがゴムなので、「全部イン」は禁止。前だけインにしましょう。ニットだったらインはしなくても OK です。

shirt：プレミアムリネンシャツ：ユニクロ
bottoms：スマートスタイルアンクルパンツ：ユニクロ
shoes：Odette e Odile

スニーカーにデニムのときは短めに折り返す

裾は、短いとカジュアルに見えるので、スニーカーを合わせたいときは、短めに折り返すのがおすすめ。パンプスのときは長めにはきましょう。

shirt：エクストラファインコットンハーフプラケットシャツ：ユニクロ
denim：セルビッジデニムアンクルジーンズ：ユニクロ
shoes：Odette e Odile
watch：Cartier

tops：スウェットパーカ：ユニクロ
skirt：シフォンプリーツスカート：ユニクロ
shoes：New Balance
watch：NIXON

ロングスカートにはスニーカー

ヒールや甲の見える靴を合わせると、フェミニンになりすぎるので、スニーカーに合わせるのがいちばん可愛いです。カジュアルに着ましょう。

tops：ビッグシルエットポケ付きT：ユニクロ
bottoms：ストレッチクロップドパンツ：ユニクロ
shoes：adidas
watch：NIXON

スニーカーを履きたいけど、キレイ目に見せたい日に

クロップドパンツは、スニーカーなのにキレイ目にしたい日に最高です。もちろんヒールでも。クロップドは誰でも似合う、ユニクロの隠れた名品です。

どんな服でも「ハズし」てくれるのがハズしアイテム

ハズしアイテムとは、「今日はつまらないコーデになってしまったな」というときに一点投入すると見違えるようにおしゃれになるアイテムです。キレイ目にまとまりすぎてコンサバになったときや、トップスとボトムスだけ合わせてワンツーコーデになり、「遊びがないな」というときにこれを投入しましょう。

ハズしアイテムのルールはひとつ。**「大人・子供・男性・女性が共通に、誰が着てもおかしくないものを選ぶ」ことです。**ハズしアイテムは、どんな服でも違和感なくハズしてくれるものを選びましょう。「ハズし」アイテムだからと言って、突拍子もないものを持ってきてしまうと、そこだけ浮き、「個性派」と思われてしまいます。

たとえば、ハズして使いたいときに選んでしまいがちな派手な赤のもの。これは間違いです。赤は色を合わせるのが難しく、他のアイテムをシンプルにしないといけないので、結局ハズしではなく主役になってしまいます。ここをコンバースの白など、大人でも、子供でも男性でも女性でも大丈夫なものを持ってくると、カジュアルでハズしてくれるけれど、絶対に個性派にはなりません。ハズしアイテムは、女性らしい装飾がついたものやピンクなどもだめ。女性を連想しやすいアイテムだと、ハズしではなくフェミニンに寄ってしまいます。ハズしはあくまでも、何か特定なものを連想させない、すべてに属するものだといいのです。

おすすめなのはリュックサックならシンプルなもの、靴ならコンバースの白、ニット帽などです。

リュックの場合は、子供っぽいものを選んでしまうと痛い若づくりになってしまいます。偏ってデザインされていないものがいいでしょう。ハズしアイテムを選ぶときは、買うときに「誰が持ってもおかしくないもの」を想像した上で購入しましょう。

コンバースのスニーカーは、誰にでも似合う

ワンサイズ大きめを買ってインソールを入れると足が長く見えます。きなりとホワイトがありますが、ホワイトにしましょう。清潔感があります。買った時に防水スプレーをたっぷりかけると汚れにくくなります。

shoes：CONVERSE

大人も子供も使えるリュックサック

写真はカンケンですが、シンプルなリュックならなんでもＯＫ。ポケットのところだけ星柄になっていたり、アウトドアによくあるカラフルなものではなく、色は一色でシンプルなものにしましょう。キーホルダーやワッペンなどをつけるのは絶対にやめましょう。

bag：KANKEN

よく使うのは薄いグレー

ニット帽は、リブが入っていると可愛いです。入っていないものは、男の人っぽく見えます。毛玉に気をつけて、安いものだと買い換えるのもいいですよ。色はベーシックカラーを。

knit caps：GU

Chapter

4

Little items make your image

［第4章］

小物がおしゃれの8割をつくる

スニーカーはレザーや白などの「大人っぽい」ものを選ぶと失敗しない

スニーカーで、おしゃれ度はぐんと変わります。スニーカーはカジュアルで、しかも存在感があるアイテムですので、ただ履いているだけだと、どうしても「普段着」に見えてしまう危険なものです。でも、履きやすさ、歩きやすさとも、スニーカーのない人生なんて考えられませんよね。特に小さな子供がいるママは普段はスニーカーしか履かないという方も多いと思うので、スニーカーワザを知っておくとお得です。

スニーカーと一口に言っても、それぞれ印象が違います。**合わせやすいスニーカーは「大人っぽいもの」。大人っぽいとは、まず素材がレザーで、色は「白」。**黒も、ボトムスにつなげて足を長く見せるなど使えますが、最初に持つべきは女性らしさが出る白です。

いちばんおすすめなのはアディダスのスタンスミス。これを一足持っていれば、何にでも合わせやすく便利です。年代を問わず、50、60代の人でもかっこよく履けます。コンバースやニューバランスなどは左ページ以降に写真入りで解説していきます。

スニーカーはまず「ローカット」が使いやすいです。ハイカットももちろん使えるアイテムなのですが、ローカットの方がバランスがとりやすく、どんなコーデにもなじみやすいです。

ソール部分や紐は白いものにしましょう。それだけで足元が明るく、軽い印象になります。足元が軽くなると、女性らしさが出ます。また、スニーカーには必ずインソールを入れましょう。2、3センチ足が長く見えるだけで印象が変わります。特徴のあるスニーカーは、子供っぽかったり重かったりなどイメージに偏りがでますので、合わせる洋服が限られます。主張がないものがいちばん使えます。

スカートをメインに履く人はニューバランス

スカートをメインに履く人は、足元にボリュームが出るニューバランスを。スカートのフェミニンさとよく合います。これが平たい靴だと、若く見えすぎてイタい印象になってしまうことも。特にひざ下のスカートとの相性がとてもよいです。パンツとは合わせにくいので、スカートのみで。

アディダスのスタンスミスはカジュアルが多い人に

カジュアルがメインの人が、ちょっと大人めに仕上げられるのがスタンスミス。カジュアルが多い人がコンバースを合わせると、カジュアルすぎる場合があります。

コンバースのローカットはキレイ目服がメインの人に

スニーカーでいちばんに必要なのはコンバースのローカット。

靴自体に存在感がないから、キレイ目に合います。キレイ目メインな人がいちばん使えるアイテムです。

adidas

CONVERSE

カジュアルコーデには スタンスミス

ガールフレンドデニムくらいの、少しゆったりしたデニムは、ロールアップして、足首の細いところを強調させましょう。レザーのスタンスミスを合わせることによって、大人っぽくおしゃれに見せられます。

pierce：R-days
necklace・bangle：PHILIPPE AUDIBERT
sweater：アゼクルーネックセーター：ユニクロ
bag：BEAUTY & YOUTH UNITED ARROWS
stole：Johnstons
shoes：adidas

スッキリとした服には スッキリした靴を合わせる

スキニーデニムには、ローカットのコンバースがいちばん。足を華奢に見せてくれるので、キレイ目の服を邪魔しません。

stole：maccoca
bag：Anya Hindmarch
sweater：コットンカシミヤVネックセーター：ユニクロ
denim：ウルトラストレッチジーンズ：ユニクロ
watch：ROLEX
bracelet：Less Bliss
ring：Cartier
shoes：CONVERSE

ロングマキシには丸みとボリュームのある靴を

履いているのはナイキのコルテッツです。ロングスカートも、ヒールなどを合わせるとフェミニンすぎる雰囲気になってしまうので、このような丸みとボリュームのあるスニーカーでバランスを。ニューバランスでも OK。

pierce・bangle：JUICY ROCK
tops：スウェットパーカ：ユニクロ
skirt：シフォンプリーツスカート：ユニクロ
watch：ユニクロ
bag：KANKEN
shoes：NIKE

ワイドパンツには存在感のあるスニーカーで

アディダスのスーパースターを履いています。この靴はスタンスミスと似ていますが、靴の先が丸くて厚く、存在感があります。ワイドパンツはもともと大人っぽいシルエットのものなので、ここにヒールなどの薄い靴を合わせるとフェミニンになりすぎてしまいます。パンツのボリュームに負けないこのようなスニーカーがおすすめ。

pierce・bangle：JUICY ROCK
stole：maccoca
sweater：コットンカシミヤVネックセーター：ユニクロ
bottoms：ワイドパンツ：ユニクロ
ring：Cartier
watch：CASIO
bag：L.L.Bean
shoes：adidas

タイトスカートには ハイカット

タイトスカートにスニーカーを合わせたいときは、ハイカットのみです。体型が出るスカートなので、足元をシャープにして全体を引き締めるためです。また、ここでローカットにして足首を見せてしまうと、足が短く見えてしまいます。ハイカットはスキニーデニムとも相性がよく、足が長く見えます。

knitted cap：GU
bag：Anya Hindmarch
bangle：PHILIPPE AUDIBERT
jacket：MA-1 ジャケット：ユニクロ
sweater：コットンカシミヤVネックセーター：ユニクロ
skirt：メリノブレンドリブスカート：ユニクロ
shoes：CONVERSE

フレアスカートには ニューバランスがベスト

フレアスカートの可愛らしいイメージを崩さず、そのままカジュアルなイメージをプラスできるのがニューバランス。生地が厚くて、スニーカーとしてほっこりしているものがベスト。前ページのナイキのコルテッツでも悪くはないですが、ボリュームはニューバランスの方があるのでおすすめ。

pierce：jewelry shop M
necklace：BEAUTY & YOUTH UNITED ARROWS
bangle：JUICY ROCK
tops：ボーダーボートネックT：ユニクロ
skirt：シアサッカーフレアスカート：ユニクロ
watch：CASIO
shoes：New Balance

column: 03

コントラストが似合うか グラデーションが似合うか 簡単にわかる方法

世の中には「コントラストが強い色が似合う人」と「グラデーションのようなソフトな色の組み合わせが似合う人」と2パターンいます。

たとえば、同じ青でも、コントラストが似合う人なら、ブルーに真っ白といったようなはっきりと色の差があるものが似合い、ソフトな色が似合う人は、ブルーにネイビーを合わせるようなグラデーションが似合います。

どちらの方が自分に似合うかを知っていると、コーデに悩んだときの助けになります。

その見分け方は、「瞳を見る」こと。

見るのは、白目と黒目の境目。この差がくっきりしていると、コントラストの強いものが似合います。タレントでいうと、櫻井翔さんや松本潤さん。

反対に、白目と黒目の境目がソフトな人。このようなタイプはグラデーションが似合います。ソフトな人は、大野智さんや二宮和也さんのような人です。

自分の目を見てもわかりづらい方は、他の人の目と比べてみて自分がどちらのタイプか判断してみてください。

パンプスはパンツと合わせるだけでおしゃれが完成する

青のみ：GALLARDA GALANTE　他：Odette e Odile

パンプスは、スカートと同じく履くだけで「女度」が確実に上がる力の強いアイテム。特にパンツと合わせるとそれだけでおしゃれが完成します。

動きにくいのでお出かけ以外はなかなか履かなかったり、また小さな子供がいる人も嫌いがちだったりしますが、プチプラでいいので何足か揃えておくとおしゃれがグッと楽しくなります。

上の写真のような、スエードの生地がいちばんおすすめです。**スエードの生地は高見えするからです。**カジュアルコーデに入れるときもなじみがいちばんいいでしょう。

先が丸いとフェミニンになりすぎたり、人によっては足元だけ「発表会」みたいになってしまうので、先がとがったポインテッドトゥがおすすめ。色はベーシックカラーと、差し色に使える派手な色を持ちましょう。

黒のパンプスに黒のバッグを持つだけで品がよくなる

黒のパンプスとバッグの同色セットは、それだけで品がよく、落ち着いて見えます。服はニュアンスカラーでつくると、コントラストが出て、「よりおしゃれで上品」ができあがります。

necklace：SUGAR BEAN JEWERY
pierce：JUICY ROCK
ring：Cartier
bracelet：ByBoe
watch：Cartier
cardigan：UVカットクルーネックカーディガン：ユニクロ
tops：レーヨンエアリーTブラウス：ユニクロ
denim：ウルトラストレッチジーンズ：ユニクロ
bag：ZARA
shoes：Odette e Odile

普段着コーデにはグレーのパンプス

普段着にパンプスを入れるだけで、おでかけ仕様になります。グレーのパンプスは、柔らかいのにクールに見えて女っぷりを上げるので、より完璧です。グレーでなくても、ニュアンスカラーなら美しく見せます。

pierce：JUICY ROCK
bracelet：ModeRobe
ring：Cartier
watch：ROLEX
tops：ボーダーボートネックT：ユニクロ
denim：セルビッジデニムアンクルジーンズ：ユニクロ
bag：ZARA
shoes：SEVEN TWELVE THIRTY

ブーツカットとパンプスは最強に足長に見える

この効き目は本当にすごいです。ブーツカットの少し広がっているラインが、甲まで足に見せます。

pierce・necklace：jewelry shop M
ring：Cartier
bracelet：ma chere Cosette
bracelet：JUICY ROCK
shirt：デニムロングシャツ：ユニクロ
inner：リブタンクトップ：ユニクロ
denim：ユニクロ
stole：Johnstons
bag：ノーブランド
shoes：GALLARDA GALANTE

ぺたんこ靴の
合わせやすさは最強

右奥：ZARA　右手前：Boisson Chocolat　中央：MINNETONKA　奥：BEAMS

スニーカーだとラフすぎて似合わない、職場にカジュアルな靴は履いていけない、けれどもパンプスは疲れるので無理、という人の望みを叶えるのがこのぺたんこ靴。歩きやすさはもちろんですが、カジュアルな印象を出せるので、普段着に合わせるだけで大人カジュアルコーデができます。

ぺたんこでもキレイな形のものがたくさんありますので、自分の用途に合わせて選びましょう。たとえば、フラットパンプスの中でも、先がとがったポインテッドトゥは、フェミニンに寄りすぎずキレイ目に見せます。甲が見えるとよりシャープになり、大人っぽくなります。

上の写真の左から2番目のモカシンは、フェミニンにしたくないけれどキレイ目に寄せたい人に向いています。モカシンは、カジュアル寄りですが、先が丸い分歩きやすく、甲が見えている部分が多いので、その分抜け感があり、大人っぽさが出るのです。

モカシンは白ニットと合わせる

モカシンは素材が固いので、ニットのほっこり感と合わせるとちょうどいいミックス感になります。モカシンは白がおすすめです。素材が重いので、白にすることで女性らしい軽さが出るからです。モカシンは足が小さく薄く見えるので、細身のパンツなどとも相性がいいです。

pierce・bangle：JUICY ROCK
stole：Johnstons
sweater：**カシミヤタートルネックセーター：ユニクロ**
denim：**ウルトラストレッチジーンズ：ユニクロ**
bag：L.L.Bean
shoes：MINNETONKA
watch：NIXON

できる人に見せながら、使いやすいのがローファー

オフィスでかっちり見せたいときや、子供の保護者会にいくときなどは、ローファーがイチオシ。できる人に見せながら、やりすぎ感がありません。

pierce・bracelet：JUICY ROCK
necklace：BEAUTY & YOUTH UNITED ARROWS
ring：Cartier
watch：ZARA
coat：**チェスターコート：ユニクロ**
sweater：**UVカットワイドリブノースリーブセーター：ユニクロ**
bottoms：**ストレッチクロップドパンツ：ユニクロ**
bag・shoes：ZARA

赤の差し色は黒、グレーのベーシックカラーに

Tシャツにデニムというメンズのような組み合わせには、赤いぺたんこ靴で差し色を。赤いヒールほど「特別感」が出ません。「赤い靴可愛いね」と褒められますよ。

hat：reca
pierce：lujo
bangle：JUICY ROCK
necklace：BEAUTY & YOUTH UNITED ARROWS
bracelet：ma chere Cosette
watch：CASIO
tops：**ドレープT：ユニクロ**
inner：**リブタンクトップ：ユニクロ**
denim：**スリムボーイフレンドフィットアンクルジーンズ：ユニクロ**
shoes：Boisson Chocolat

ブーツを履くときは、ブーツからコーデを考える

右：UGG　奥：FABIO RUSCONI　左：KBF

ブーツのポイントは、存在感が他の靴より大きいこと。履きたいときはまずブーツからコーデを考えると失敗しません。

ブーティーは、キレイ目にまとめたいときに大活躍します。**短いので、足首を華奢に、女性らしく見せてくれるからです。**また、ボリュームがないのでバランスもとりやすいです。ボリュームがある靴を履くと、その分重心が下がり、特に背が低い人はバランスが悪く見えてしまうのですが、ブーティーならその心配はありません。

ロングブーツは体型補正効果が高く、膝下がまっすぐ見えます。**女性らしい雰囲気に仕上げたいときに使います。**ニットのトップスで、膝下スカートにこのブーツを合わせたりすると、可愛いです。

ムートンブーツは「Iライン」をつくりましょう。**Iラインはキレイ目に見えるコーデなので、ムートンのカジュアルさがいいアクセントになります。**

ブーティはフェミニンに着ない

ブーティは「可愛らしい」ではなく「かっこいい」で着るとものすごくおしゃれに見えます。ダメージデニムやニットと合わせると、ブーティの可愛さとクールさがミックスされて素敵に見えます。

pierce・bracelet：JUICY ROCK
necklace：PHILIPPE AUDIBERT
glasses：JINS
watch・ring：Cartier
jacket：MA-1ジャケット：ユニクロ
sweater：コットンカシミヤVネックセーター：ユニクロ
skirt：ボアスウェットスカート：ユニクロ
tights：CalvinKlein
bag：ZARA
shoes：KBF

ロングブーツには、長めのはおりを合わせる

ロングブーツに短いはおりを合わせてしまうと、ブーツがやたら目立ってしまい、舞台風になってしまいます。トレンチの中にデニムジャケット（パーカーでもOK）のチラ見えもとてもおすすめです。

pierce・necklace：jewelry shop M
ring：Cartier
bangle：MAISON BOINET
trench coat：トレンチコート：ユニクロ
jacket：デニムジャケット：ユニクロ
tops：ドレープT：ユニクロ
skirt：ボアスウェットスカート：ユニクロ
watch：CASIO
bag：FURLA
shoes：FABIO RUSCONI

ショートのムートンブーツを履くときは、スキニーデニムを折り返す

このブーツは、足とムートンの間に1センチでいいので、折り返して隙間をつくるとおしゃれに見えます。とても寒い日はタイツなどを履いて細い部分を見せましょう。ほんの少しのことですがこれだけで全然違うので、ぜひおすすめします。

pierce：R-days
sunglasses：ZARA
watch：Cartier
sweater：コットンカシミヤVネックセーター：ユニクロ
denim：ウルトラストレッチジーンズ：ユニクロ
stole：ユニクロ
bag：Anya Hindmarch
shoes：UGG

デニムは、似合う形を色違いで集める

デニムでいちばんお伝えしたいことは、「似合う形を色違いでたくさん持とう」です。似合うデニムは、足を長く、細く見せてくれる魔法のアイテム。反対に、似合わないものほど自分を下げるものはありません。合わないデニムでも、トップス次第で似合わせるようにすることは可能ですが、服選びに時間がかかったり、いつも同じ組み合わせになってしまったりと、結果として着こなしの幅が狭まってしまいます。

似合うデニムの選び方は、これまでお伝えしたジャストサイズのボトムスの選び方と同じ。試着するときに後ろを向いて、ウエストではなくお尻で選んでください。お尻がピタピタでつぶれていたり、またはお尻がふたつあるようなあまった線が出たりするのはＮＧです。

同じ形でも、色さえ違えば他人から「あの人同じパンツばっかり」とは言われません。色は形より鮮明に目に入ってくるので、色が違えばまったく違ったイメージになります。

得意な形のものさえ持っていれば、たとえ苦手な色も似合って見えるので大丈夫。

デニムのキモは、「形」です。

丈は長ければキレイ目に、短ければカジュアルに見えます。長さはくるぶしを目安にしましょう。大人っぽくはきたいならくるぶしの真ん中くらいまで、カジュアルに見せたいなら、くるぶしより指１・５本分上にします。

デニムの丈で「似合う」が手に入る

デニムは、丈がほんのすこし違っただけで、ぐんと似合うようになります。コーディネートのイメージに先端が大きく関わってくると言いましたが、ここでも、足元がすっきりするだけで大人っぽく見えます。

気をつけるべきなのは、ボトムの裾はたるませてはいけないということ。**だから、裾上げは絶対に必須です。**裾上げしていない余った部分がくしゅくしゅしていると、足元が重くなり、男性的になってしまいます。

「足が短いのをなんとかしたい！」と悩んでいる人は、必ずくるぶしより短めの丈にしましょう。こうすることで、足が細く、長く見えます。

また、ロールアップする場合は、基本は細く折り返しましょう。裾の縫われている部分までです。たくさん折ってしまうとその分ボコッとなってしまい、幼く見えてしまいます。もしもっと短くしたい場合は、一回だけ太く折りましょう。

Denim

持つべき色はコレ！

⑤ ⑥ ⑦

① スキニーフィットテーパードジーンズ
② ウルトラストレッチジーンズ
③ スキニーフィットテーパードジーンズ
④ スリムボーイフレンドフィットアンクルジーンズ
⑤ ウルトラストレッチジーンズ
⑥ ウルトラストレッチジーンズ
⑦ ウルトラストレッチジーンズ
全てユニクロ

⑤ 薄いブルーは夏の季節感をとても出す色です。ニュアンスカラー同士で合わせるとものすごくおしゃれに見えます。夏直前から夏にかけて着るととても可愛いです。

⑥ グレーは大人の雰囲気をつくります。淡い色とも、濃い色とも合わせやすいので年齢を重ねるごとにおすすめのカラー。

⑦ ブルーを持ったら次は白デニム。ホワイトデニムはトップスを選びません。一気にあか抜けコーデに格上げしてくれます。

①　②　③　④

① 黒は着やせ効果が抜群。どんなトップスにも合う万能カラーでもあります。
② 濃いブルーのインディゴは、実は一番最初に買うべき色。カジュアルコーデはもちろんですが、キレイ目コーデのカジュアルダウンに使えます。
③ インディゴの次によく使うのがブルー。足が長く見えます。足の真ん中が薄く、グラデーションが入っていればなおよいでしょう。おしゃれっぽく、こなれた雰囲気になります。
④ ボーイフレンドデニムは、絶対にこのくらいのこなれた色を選んで下さい。これでインディゴにしてしまうと、ただのメンズアイテムで「イタく」見えてしまいます。

キレイ目のジャストサイズ、カジュアルのピタピタをコーデにつかう

これまで、アイテムによって「ジャストサイズ」「ピタピタ」「ユルめ」と3つのサイズ感で自分に似合うものを選ぶといいとお伝えしてきましたが、このサイズの組み合わせで、コーディネートの幅が広がります。ちなみに「ユルめ」とはオーバーサイズではなく、ジャストサイズから少しだけ大きいものです。

サイズが違うと、雰囲気も変わります。「ジャストサイズ」はきっちり目に見えます。「ピタピタ」はカジュアルです。「ユルめ」は、素材によってキレイ目に見えたり、カジュアルに見えたりします。

たとえば、海外セレブがよくしているのが、ユルめのブラウスをピタピタのスキニーで合わせること。こうすると、キレイ目カジュアルが簡単に完成します。

同じようにジャストサイズ×ジャストサイズならオフィスコーデができます。コーディネートを考えるときにこのことを頭に入れておくと、幅が広がります。**ついいつも似たようなコーデになりがち、という人はいつも同じサイズ感の組み合わせしかしていない可能性が高いです。**

服を買うときにも、その服が「ジャストサイズ」なのか「ピタピタ」なのか「ユルめ」なのかを意識すると「買ったけど全然使わない」ということを防げます。

ユルめ
×
ピタピタ
はカジュアルになる

トップスをユルめにするだけでカジュアル感が増す

ユルめのトップスは、何もしないとパジャマを着ているみたいに見えてしまうので、ボタンを３つ開け、袖をまくったりインをしたりして、立体感を出して肌を見せ、女性らしさをつくりましょう。

pierce・bangle：JUICY ROCK
necklace：SUGAR BEAN JEWELRY
shirt：エクストラファインコットンオーバーサイズシャツ：ユニクロ
denim：スキニーフィットテーパードジーンズ：ユニクロ
bag：ノーブランド
watch：CASIO
shoes：ZARA

ユルめ
×
ユルめ
はキレイめを生む

痩せて見せるならユルめ

ぴったりしたものがオフィスコーデなら、体のラインを出さないユルめのものはキレイ目になります。動きも出るので、素材の良さを引き立てます。また痩せても見えます。

pierce：jewelry shop M
bracelet：JUICY ROCK
tops：クレープＴブラウス：ユニクロ
skirt：ストレッチスカート：ユニクロ
watch：ROLEX
bag：ZARA
shoes：Odette e Odile

ジャストサイズ
×
ジャストサイズ
はオフィス

ジャストサイズに襟があればおしゃれなオフィスコーデになる

上下とも「自分のジャストサイズ」を合わせると、きちんとした雰囲気がそれだけで出ます。それが無地で襟があれば、オフィスコーデのできあがり。

jacket：ストレッチジャケット：ユニクロ
tops：レーヨンエアリーＴブラウス：ユニクロ
bottoms：スマートスタイルアンクルパンツ：ユニクロ
watch：ROLEX
bag：PotioR
shoes：Odette e Odile

見た目イメージの3割をバッグが占める

みなさん、バッグは何個持っていますか？　いつも同じバッグ……という人は要注意です。バッグは、見た目の印象の大部分を決めるからです。
どんなコーデにも合う、素敵で使い勝手がよいバッグがあれば困らないのですが、そういうものはありません。

そこで、**私がおすすめするのが、イメージがかぶらない「間違いのないもの」を厳選して持つこと。**そのコーディネートに合わせてバッグを変えると、おしゃれ度はとても上がります。バッグによって分担する役割が違いますので、それをしっかり知っておきましょう。キレイ目にもカジュアルにも使える便利なバッグもあるので、これもぜひ覚えてください。

バッグの考え方は結構簡単です。たとえば、毎日いちばんよく使うメインのバッグ。ここで選ぶのは「キレイ目とカジュアルどちらにも使える」ものです。そのためには、「硬すぎず柔らかすぎない素材のもので、白かベージュで、丸みがある」ものがおすすめです。また、大きすぎないものがいいでしょう。便利だからといって大きすぎると決しておしゃれにはなりません。

よくある間違いが、毎日のバッグに「合わせやすい黒の革で、オーソドックスな四角い」バッグを選んでいること。ですが、「黒の四角い大きめの革のバッグ」は、引き締め効果が高く真面目、しかも高級感が常に漂う、というイメージになります。私は毎日コーデに合わせてバッグを変えています。次ページからは登場回数の多い使えるバッグをご紹介します。

バッグによって
持つ位置を変える

バッグは手に持つか、肩にかけるか、ななめがけにするかで印象が全然違ってきます。鏡を見てどれがベストか必ず確認しましょう。

stole：Johnstons
bag：BEAUTY & YOUTH UNITED ARROWS
sweater：アゼクルーネックセーター：ユニクロ
denim：セルビッジデニムアンクルジーンズ：ユニクロ

持っておけばいいバッグはこの6つ

洋服は「似合う形を見つけたら、色違いで持つ」ことをおすすめしましたが、
バッグはさまざまな形を多く揃えるほど、着こなしの幅が広がります。
荷物が多いときは、バッグは必ず2個持ちましょう。

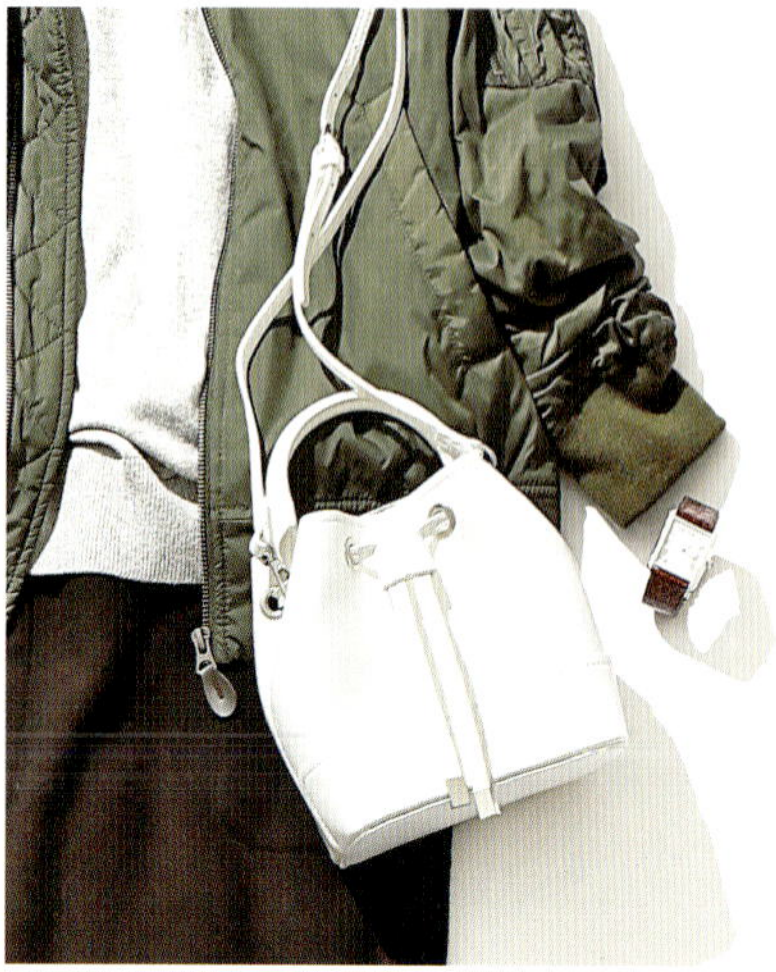

Drawstring bag

[悩んだら巾着バッグ]

cardigan：UVカットVネックカーディガン：ユニクロ
one piece：ボーダーワンピース：ユニクロ
bag：ZARA

「巾着《きんちゃく》バッグ」は使いやすく、おしゃれなイメージを損ないません。よく持つバッグにおすすめです。クラッチバッグも持つだけでおしゃれに見えやすいのですが、実用性に乏しいです。

ある程度の量のものが入れられ、キレイ目にもカジュアルにも使うことができ、しかも肩がけもななめがけもできる。「いろいろな要素を持つ」よいバッグです。革だと重くなるので、合皮で十分です。硬すぎず、柔らかすぎない写真のような生地がおすすめ。柔らかな丸みと適度な存在感がコーデにポイントを与えてくれます。

おすすめの色は、白やグレー。どんな色でも合わせやすいです。次はベージュ、黒。ベージュはコーデに落ち着きを、黒は引き締め感を与えてくれます。

登場回数は少なくなりますが、鮮やかな色の巾着はコーデのよいポイントになってくれます。

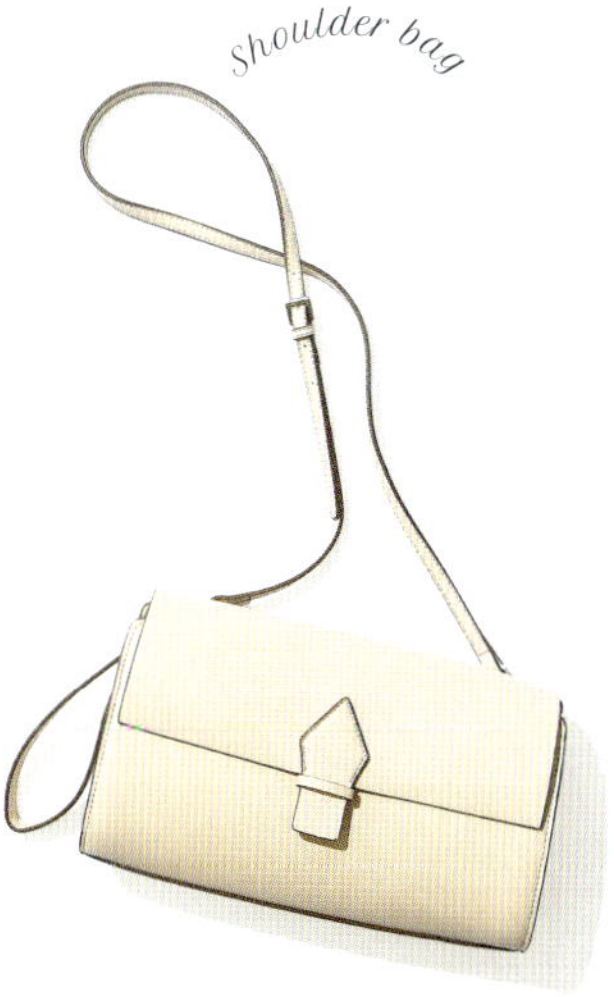

上右：FURLA
上左：ZARA
下右：L.L.Bean
下中央：Sans Arcidet
下左：ZARA

[ななめがけ]

ななめがけのよさはカジュアルさがプラスできること。ですので、キレイ目に合わせると簡単にカジュアルミックスができます。生地が柔らかすぎるとカジュアルになりすぎるので、少し硬いものがいいでしょう。また、ストラップは少し長めにしましょう。短いと男性っぽく見えてしまいます。

[チェーンバッグ]

チェーンバッグは、写真のような小さめの形がいちばん可愛いです。また、硬いものだとキレイ目な雰囲気がぐっと出るので使いやすいです。

[ボストンバッグ]

これは小さいものを選びましょう。大きいと男性的な雰囲気になります。ストラップがついていると、肩にかけたりなど使い勝手がいいです。

[かごバッグ]

インパクトがあるので、なるべく形が派手ではなく、飾りなどがついていないものがベストです。また、カゴの目は詰まっているものがいいでしょう。粗いとピクニックのようなカジュアルすぎる雰囲気になってしまいます。

[白トートバッグ]

これは大きいものを選びましょう。小さすぎると「犬のお散歩」になってしまいます。子供と遊ぶときのカジュアルコードなどに自然となじみます。

Drawstring bag

[グレーの巾着]

どんな服でもまとめてくれる最強バッグ

ベージュやグレージュはなじませ色。基本、どんな色の服にも合わせやすいです。巾着の形も、四角くもなく丸くもないので、これも合わせやすい形です。コントラストが強い色のコーデでも、コーデ全体をまとめる力を持っているので、困ったらこれを投入しましょう。

pierce・necklace：jewelry shop M
ring：Cartier
bracelet：ma chere Cosette
bracelet：JUICY ROCK
shirt：デニムロングシャツ：ユニクロ
inner：リブタンクトップ：ユニクロ
denim：ユニクロ
stole：Johnstons
bag：ノーブランド
shoes：GALLARDA GALANTE

Shoulder bag

[ななめがけ]

ななめがけはデニムで

ストラップは長めにして、ちょうどお尻のあたりにしましょう。短くなると男の人っぽく見えてしまいます。ななめがけバッグはデニムと相性がいいです。スカートよりすっきり見えます。

pierce・bangle：JUICY ROCK
bangle：MAISON BOINNET
ring：Cartier
stole：maccoca
sweater：コットンカシミヤVネックセーター：ユニクロ
denim：ユニクロ
bag：ZARA
shoes：Odette e Odile
watch：ROLEX

Chain bag

[チェーンバッグ]

おでかけコーデにはチェーンバッグ

フェミニン度が強いアイテムなので、カジュアルコーデに一点投入するだけで、おでかけコーデに格上げできます。ツヤのある素材のものを選ぶと、キレイ目感がぐっと高まって差しやすいです。

pierce・bangle：JUICY ROCK
necklace：BEAUTY & YOUTH UNITED ARROWS
ring：Cartier
watch：CASIO
tops：ビッグシルエットポケ付きT：ユニクロ
sweater：コットンカシミヤVネックセーター：ユニクロ
denim：ウルトラストレッチジーンズ：ユニクロ
bag：FURLA
shoes：adidas

pierce：JUICY ROCK
necklace・bangle：PHILIPPE AUDIBERT
glasses：JINS
watch：ZARA
shirt：エクストラファインコットンブロードストライプシャツ：ユニクロ
inner：リブタンクトップ：ユニクロ
denim：ウルトラストレッチジーンズ：ユニクロ
bag：L.L.Bean
shoes：CONVERSE

White tote bag

［ 白トートバッグ ］

白トートは必ず何かカジュアルアイテムとセットで

トートバッグは、パーカーやスニーカーなど、必ず何かカジュアルなアイテムと2点以上合わせましょう。全身キレイ目にひとつだけトートを入れてしまうと、ものすごく浮いてしまいます。

Overnight bag

［ ボストンバッグ ］

黒のボストンバックは寒色だけの辛口コーデと

黒のボストンバッグは、甘めにも辛めにも使えます。辛口コーデにしたい場合は、寒色だけでまとめると、大人っぽくかっこよく見えます。

pierce：STYLE DELI
necklace：jewelry shop M
bangle：JUICY ROCK
ring：Cartier
cardigan：UVカットVネックカーディガン：ユニクロ
tops：クレープキャミソール：ユニクロ
denim：セルビッジデニムアンクルジーンズ：ユニクロ
bag：ZARA
shoes：Odette e Odile

Basket bag

［ かごバッグ ］

かごバッグにはスニーカー

かごバッグは柔らかいものを選ぶと、いちばん使いまわせます。固いボックスのものにしてしまうと、印象が強いので合わせるものが限られてしまうからです。スニーカーの日にかごバッグを持つとあか抜けます。

pierce：lujo
necklace：BEAUTY & YOUTH UNITED ARROWS
bangle：JUICY ROCK
bracelet：jewelry shop M
watch：Cartier
tops：エクストラファインコットンTブラウス：ユニクロ
inner：リブタンクトップ：ユニクロ
bottoms：ミラノリブカットソーワイドパンツ：ユニクロ
bag：Sans Arcidet
shoes：adidas

ストールで女らしさと柔らかさを手に入れる

季節を問わず「ストール」を取り入れることをおすすめします。防寒対策やエアコンによる冷えにはもちろん、普段自分が使わない色も取り入れられるので、似合わせの幅が広がります。自分に似合う服のコーデは、どうしても偏りがち。**しかし、ストールを巻くだけで色やインパクトを足すことができるので、雰囲気が変えられます。**

また、おしゃれに不可欠な「立体感」も出すことができます。特に上半身が薄く、いつも寂しげになる人は、ボリュームをプラスできて華やかさが違います。

ストールのいちばんの効果は、レフ板効果で顔を明るく見せられること。色でおすすめなのは断然ベージュ。白などの明るい色もいいでしょう。

柄はチェックのみにしておきましょう。顔まわりに来るものなので、それ以外の柄があるのはおすすめしません。特に、ヒョウ柄などのアニマル柄は安っぽく見えてしまいます。

ストールの大事な使い方は、首に巻くだけではありません。バッグと一緒に手で持ってみましょう。これだけで、もしコーデがいまいち地味であっても、おしゃれ度を底上げします。バッグは、トートでも小さめでも問いません。なんでも華やかにしてくれます。

持っておいて便利なストールは「なめらかなもの」。次ページのいちばん右側の写真のような、上質な素材のものです。このストールひとつで、大人っぽく品のよい雰囲気がコーデに足せます。

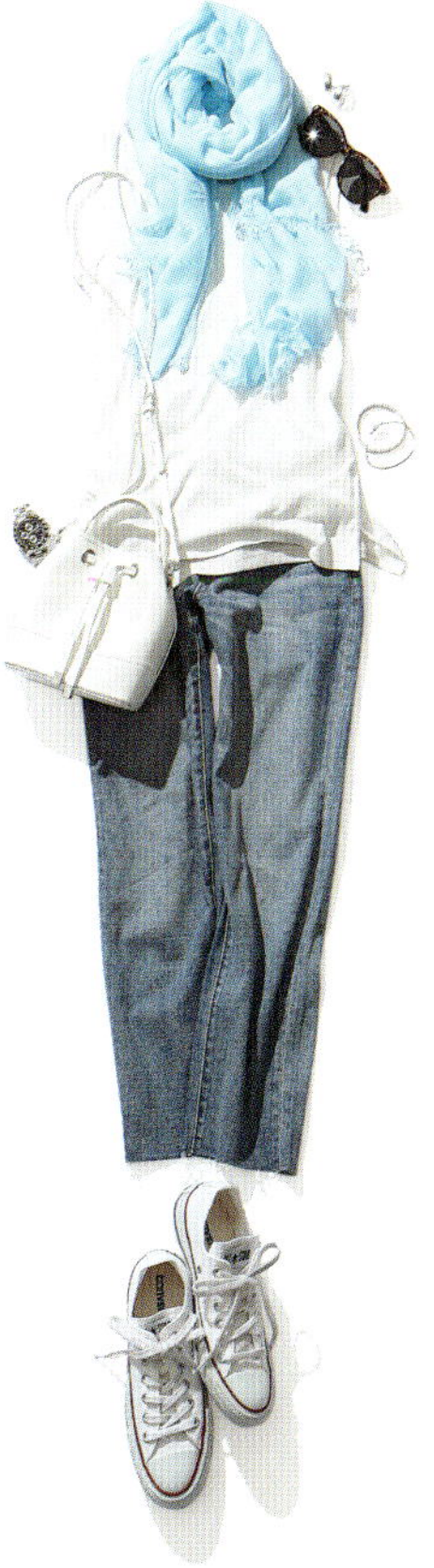

チェックは
大きな柄を選ぶ

チェックを合わせるだけで、マンネリのコーデでも華やかになります。大きいストールは首まわりに大きく巻くと、顔が小さく見えます。チェックは大きな柄を選びましょう。ごちゃごちゃしないので、どんな服にも合います。

pierce：JUICY ROCK
necklace：jewelry shop M
stole：HAPTIC
coat：ステンカラーコート：ユニクロ
sweater：カシミヤVネックセーター：ユニクロ
denim：ウルトラストレッチジーンズ：ユニクロ
watch：NIXON
bag：ZARA
shoes：Boisson Chocolat

普段使わない色も
投入しやすい

普段使わないような色でも、ストールなら積極的に取り入れられます。写真のような白タンクトップ、デニム、スニーカーだけのコーデに鮮やかな色を入れると、それだけでおしゃれです。夏でも日焼け予防やエアコンの冷房よけになります。

pierce・bangle：JUICY ROCK
bangle：lujo
watch・sunglasses：ZARA
stole：Pyupyu
tops：オパールボーダータンクトップ：ユニクロ
inner：リブタンクトップ：ユニクロ
denim：スリムボーイフレンドフィットアンクルジーンズ：ユニクロ
shoes：CONVERSE
bag：ZARA

なめらかなカシミヤの
ストール

なめらかなものは、肌をきれいに見せてくれますので、顔まわりにはぜひこの素材を。一度使うと、もうそれ以外使えない！　くらいの効果があります。

stole：BUYER
pierce：jewelry shop M
necklace：Less Bliss
bracelet：ma chere Cosette
coat：チェスターコート：ユニクロ
one piece：クレープタックワンピース：ユニクロ
bag：ZARA
shoes：BEAMS

コーデがしっくり来なかったら、まず髪を変える

これまで何度かお伝えしましたが、おしゃれは服だけでは完成しません。袖をまくったり、パンツの裾を折ったりなどの着こなしも大きく影響します。そして、「髪」も大きなおしゃれの要素。**髪型はコーデによって変えるのが鉄則です。**

髪型を変えると言っても、難しいアレンジは必要ありません。基本は「結ぶ」「おろす」のどちらかです。また、髪が短い人は、ワックスなどで動きをつけましょう。ぴっちりしている髪の毛は古い印象になってしまいます。

ボーダーや柄物、タートルネックやタートルネックの首が少し短くなったモックネックなどは、髪の毛を上げましょう。つまり、ごちゃごちゃしそうな場合は髪を上げるのです。トップスが派手な色の場合もそうです。**パンツの裾もそうでしたが、「すっきり」に気をつけるとおしゃれに見えます。**

反対に、シンプルなボートネックやVネックなどは髪をおろしましょう。すっきりしすぎなので、髪を上げると寂しく見えてしまいます。また、顔まわりに曲線ができるので、女性らしさもアップします。肩幅が広い人は、髪をおろすことで目立たなくもなります。

気をつけておくのは、髪型はコーデに大きく影響するので、髪を上げるときもおろすときも、「動き」をつけること。どんなに素敵なコーディネートでも、髪が残念だと、決しておしゃれには見えなくなります。髪の印象は大きいので、ワックスを揉み

込むだけでもよいので髪に動きを必ずつけましょう。
髪型の与える印象をコーデにどんどん利用することで、おしゃれが肉厚になります。

巻き髪　⇓　エレガント
無造作な動き　⇓　こなれ感
ゆるっとしたまとめ髪　⇓　こなれ感、大人っぽさ
きっちりしたまとめ髪　⇓　オフィス、真面目
高い位置のまとめ髪　⇓　カジュアルで若い

たとえば、白シャツとデニム、スニーカーだけのカジュアルコーデの場合、巻き髪を足すと、その曲線や髪の重みで「女性らしさ」、「大人っぽさ」を加えることができます。
反対にカジュアルダウンすることもできます。ジャケットとテーパードパンツにパンプスといった、オフィス寄りなコーデにゆるっとした高い位置でのポニーテールをしたら、「こなれ感」と「カジュアルな雰囲気」をプラスできます。

肩幅が気になる服には髪をおろす

ジャケットなど、シルエットが四角い肩幅が気になる服を着たときは、髪の毛を巻いておろしましょう。それだけで、いかり肩を隠してくれます。

tops：レーヨンエアリーＴブラウス：ユニクロ
denim：ウルトラストレッチジーンズ：ユニクロ

ボーダーはおだんごにするととても可愛い

柄もののトップスは必ず髪を上げましょう。横縞のものに縦のものが入るとごちゃごちゃするので、ボーダーは特に心がけて。

pierce：jewelry shop M
tops：ボーダーボートネックＴ：ユニクロ

column: 04

トレンドを取り入れるには小物から

流行に左右されない、自分に似合ったおしゃれがいちばんおすすめですが、それでもトレンドを楽しみたい日があって当然です。トレンドをいちばん上手に取り入れる方法は「小物」です。

服はいつものベーシックにして、小物でトレンド感を差しましょう。**バッグや靴などの一点投入で一気にトレンド感が出ます。**ヘアゴム、スカーフ、アクセサリーなど小さなものでもかまいません。

もし服でトレンドを取り入れたいなら、トップスにしましょう。

ボトムスは、そのときの流行、たとえばワイドパンツなどは、はいてスタイルがよく見える人だったらいいのですが、似合わない人が着るととてももったいないです。スタイルダウンしてまでトレンドを着なくてもよいのです。その点、トップスは形、色、素材などが豊富なので、はやっているものの全体の形が苦手でも、ネックラインや素材、色などが選べるので取り入れやすいです。

ユニクロならサイズが豊富なので、今年トレンドの「ユル感」も取り入れやすいです。これも自分に似合うユル感で着てください。

靴とバッグの色は合わせない

靴とバッグの色は、合わせないことをおすすめします。ここを違う色にするとあか抜けるからです。

いちばん簡単におしゃれに見せる方法は、「ベーシックな似合うもの」でまずコーディネートをし、そこに靴やバッグで「色を差し盛る」ことです。そして差し色をするときの注意点は「1箇所だけにする」です。差し色が2箇所できるとトゥーマッチで、ごちゃごちゃとした印象になりおしゃれ感が下がります。だから、靴とバッグの色は合わせない方がいいのです。ここでもシンプルさを意識してください。

「バッグか靴のどちらかは服になじませ、もう一方を差し色に使う」というルールをぜひ覚えていてください。 簡単ですがとてもこなれる方法です。

また、差し色に使うのがビビッドカラーだった場合は、面積が小さければ小さいほど効果的です。

しかし靴とバッグを同色にするのが、間違いというわけではありません。靴とバッグを合わせると「落ち着き感」や「まとまり感」が出ます。ですので、カラフルなコーデでまとまり感を求めたいときや、仕事で落ち着いたコーディネートが求められるとき、学校行事などの場合は、靴とバッグを同色にするのがおすすめです。

色が違うとおしゃれに見える

色が一緒だと落ち着いて見えるので、フォーマルな場などに

pierce：STYLE DELI
necklace・bracelet：ByBoe
watch：cartier
sweater：コットンカシミヤVネックセーター：ユニクロ
inner：リブタンクトップ：ユニクロ
bottoms：スマートスタイルアンクルパンツ：ユニクロ
stole：maccoca
bag：PotioR
shoes：右 GALLARDA GALANTE・左 Odette e Odile

顔まわりには、ヒカリやツヤをアクセサリーで必ず足す

何度も言いますが、体の先端がおしゃれを大きく左右します。コーディネートの女性らしさが増すのです。ここで気をつけたいのが「ツヤ」。たとえばネイルをしていなくても爪をキレイに磨いて光を出すだけで、女度は確実にアップします。

先端といえばアクセサリー。ツヤを放つ、光沢のあるアクセサリーは女性の味方。**光沢のあるアクセサリーをつけることで立体感も手に入れることができるので、効果は2倍です。**また、アクセサリーで季節感を出すのも楽しいです。

ですので、必ずアクセサリーはつけるのを忘れずに。どんなに小さくてもツヤのあるアクセサリーは大きく印象を変えます。特に欠かしたくないのは、ピアス（イヤリング）です。顔まわりを一気に華やかにしてくれます。

気をつけたいのが、ゴールドとシルバー。コーデを一気に引き締め高見えさせてくれるのはシルバーです。基本的に、ゴールドは優しく可愛げな印象に、シルバーはクールでハンサムな印象になります。ゴールドは暖色系のコーデに合わせ、シルバーは寒色系コーデに合わせるとうまくまとまります。

アクセサリーのルールは簡単、ピアスとネックレスは同色にすること。顔の近くにあるピアスとネックレスの色が違うと、相手にちぐはぐな印象が残ります。しかし、手首は混ぜて使ってもオーケーです。手首はよく動く場所なので違和感は出ません。混ぜて使うとカジュアルな印象になります。その場合、両方の手に両方の色を入れるようにしましょう。

Full Year

一年中つけるといいアクセサリー

一年中つけるといいのは、「少しだけ存在感のあるアクセサリー」です。たとえば写真のような、シンプルで存在感のある輝きのストーンアクセサリーや、少し太いブレスレットなど。また、ピアスやイヤリングで持っておけばいいのが小さめフープ。これは髪をアップするときに重宝します。

もちろん手首にも少しだけ存在感のあるものがおすすめなのですが、「華奢なブレス重ねづけ」で存在感を足すのもおすすめ。先端にツヤが必要と書きましたが、ママの場合は子供が引っ張ったりなどしてつけられないということもあると思います。しかし今はママ向けの細い、肌にぴったりしたスキンジュエリーも売っています。細いブレスレットだけでもいいのでつけてみてください。気持ちが上がりますし、おしゃれが楽しくなります！　特に、細いキラキラブレスレットはプチプラでいいので持っておくと便利です。

1・2：PHILIPPE AUDIBERT
3・4・5・6：JUICY ROCK
7：jewelry shop M
8・9・10：Cartier

1・2・9：JUICY ROCK
3：NIXON
4：Salt
5・8：lujo
6：PHILIPPE AUDIBERT
7：BEAUTY & YOUTH
UNITED ARROWS

Spring Summer

春夏／存在感のあるゴツめのアクセサリーがおすすめ

薄着になる季節は、手首やネックラインが出ます。アップヘアも多くなる季節です。そんなときは、ゴツめのアクセサリーがベスト。**これで、手首や首の華奢さが強調できるからです。**

Autum Winter

秋冬／華奢なアクセサリーを身につける

洋服の素材が厚くなる秋冬は、スッキリさを心がけましょう。**洋服から少しのぞく体の細い部分を邪魔しないような、華奢なアクセサリーがいちばんです。**

1・2：JUICY ROCK
3・4・7：jewelry shop M
5：SUGAR BEAN JEWERY
6：R-days
8：Perre Lannier

時計の
フェイスの色は白

時計も、印象を残しやすい先端（手首）のアイテムです。そう何個も持つものではないので、醸しだす雰囲気が違って、似合うものを厳選して揃えておくと完璧です。

フェイスは、小さいとフェミニンな印象になります。反対に、大きめフェイスは男性っぽい印象です。ですので、普段カジュアルなコーデが多い人は、大きめフェイスを選ぶとコーデになじみます。フェミニンとミックスさせたい場合は、その逆を選ぶといいでしょう。

デイリー使いの時計としては、フェイスの色は白をおすすめします。重い色はそのまま先端を重くしてしまい、男性っぽくなります。また、フェイスのふちの色は、ゴールドかシルバーが多いですが、普段よく使うアクセサリーがゴールドが多い人はゴールドを、シルバーならシルバーを揃えると使いやすいです。**ベストなのは、暖色と寒色が両方使われている時計。**色がミックスされていると、どんなアクセサリーも選びません。

また、見てもらいたいのがフェイスの厚さ。ここが厚いと男性的なイメージになりますので、薄めがおすすめです。そして、ベルトの色は、一見黒が使いやすそうですが、黒はコーデのポイントになりやすい色です。**普段づかいなら茶色がいちばんいいでしょう。**

watch

時計は暖色と寒色の両方が入っていると使いやすい

大きくも小さくもない ボーイズサイズなので どちらにも使える

フェイスがちょっと厚いので、男の人よりのゴツさがある時計。ですので、フェイスの色をピンクにしています。ちょっといいところへおでかけするときなどに使っています。

黒はコーデのポイントにしたい日に使う

プチプラのカシオは、子どもと公園で遊んだりするときに気軽につけています。黒とゴールドなので、パーカーにデニムのコーデなどのときに、存在感があるので役に立っています。

カジュアルアイテムが多い人は、メンズの時計もおすすめ

普段使いの時計のベルトはなじませやすいブラウン。ふちはシルバーで、フェイスは白。最強に何でも合います。

右上：ROLEX
右下：CASIO
左：Cartier

ハットはかぶるだけで、いつものコーデを格上げしてくれる

ハットほど便利なアイテムはありません。一部のおしゃれな人がおしゃれなコーディネートに使うアイテムと思われていますが、「いつものデイリーコーデを格上げ」してくれるのがハットです。

ハットが活躍するのは、「今日は地味だな」という日。**コーディネートがバッチリ決まった日よりも、ちょっと何か足りないと思った日にハットをかぶってみてください。**落ち着いた服にぴったり合うのがハットです。また、単純にハットをかぶると背が高く見えますので、スタイルもよく見えます。

ハットは、まず白がおすすめ。白は目立つと思われるのか、ダークカラーがよく選ばれがちなのですが、頭のてっぺんに重い色を持ってくると頭が大きく見えてしまいます。白に慣れて、ダークカラーをかぶりたい場合は、髪をアップにすることを忘れずに。そうすると重たくはなりません。それに、顔の近くにはレフ板効果のある明るい色を持ってきた方が顔色もよく見え、抜け感も手に入ります。

すべてのことに言えますが、「コーディネートのポイントは顔より下に持ってくる」と覚えておきましょう。頭に派手なヘアバンドやリボンをつけることが年を重ねるにつれてイタくなるのは、顔より上がごちゃついているからです。ハットも目立たないくらいの存在感のなじむ色や形がベストです。

また、硬い生地のものがいいでしょう。柔らかい素材でできている帽子は「子供がかぶる帽子」のイメージを引っ張り、若すぎる印象になってしまいます。

hat

ハットは背を高く見せる

右：reca
左：GU
下
pierce：JUICY ROCK
necklace：R-days
bracelet：lujo
watch：ROLEX
hat：reca
cardigan：UVカットVネックカーディガン：ユニクロ
one piece：ボーダーワンピース：ユニクロ
bag：ZARA
shoes：CONVERSE

ハットがどうしても苦手な人はリボンを取ってみてください。色が単色になる分取り入れやすくなります。また、ハットは顔の近くにあるアイテムのため、明るい色のリボンなどは避けた方が取り入れやすいです。

帽子が似合わないと思ったら、つばの広さを見てください。広ければエレガントに、狭ければカジュアルになります。選ぶのは、つばが広すぎたり狭すぎたりしないもの。広すぎると避暑地っぽくなり、狭すぎるとマニッシュになってしまいます。試着しても「似合わない」が続く場合は、つばの広さを変えると似合うものが見つかります。

普通のコーデもハットを足すだけでおしゃれ

靴はコーデ全体の重さ、軽さを決める

これまで何度も出てきた通り、足元もとても重要です。服まではバッチリだったのに、靴が変だと、とたんにあか抜けなくなります。

靴の役割を知れば、靴を合わせるときに困ることはなくなります。

コーディネートでの靴の役割はふたつです。

①重さ、軽さをつくる

靴もバッグと同じで重量感を決めます。全身鏡でコーデを見ながら、この服は靴で重さを出した方がいいのか、軽さを出した方がいいのかを考えましょう。重量感を出すのは、色・形・素材。もちろん色が明るく、小さければ軽いです。素材自体が軽ければ女性的に、重ければ男性的なイメージに近づきます。足元が男性っぽい靴だと、あかぬけて見えなくなりがちですので、「軽い」靴を持っておくと便利です。私は、8：2で軽い靴を履いています。

②なじませるか、引き締めるか、色を差すか

靴は面積の小さな部分ですので色で遊ぶことができます。コーデに使っているトーンと同じようなものや、ベージュなどの曖昧な色でなじませたり、黒など暗い色で引き締めたり、派手な色をアクセントに使ったり、と幅はたくさんあります。

下半身からコーディネートを組むといいとお伝えしましたが、靴もいちばん最初に考えると簡単です。ぺたんこなのかスニーカーか、パンプスにするのかなどをざっくりと決めてコーデを組むとうまくいきます。コーデが決まったら最後に調整しましょう。

慣れてくると意外に簡単ですので、重さを出したい、色で遊びたい、など考えながらつくるといいでしょう。雑誌などを見ていてもきっとその意図に気づくはずです。

アンクルパンツには、甲の見える靴を選ぶ

アンクルパンツには、甲の見える靴を選ぶとベストです。**この丈と甲の見える靴の組み合わせは、とても足がキレイに、長く見えます。**

アンクルパンツとは、その名の通りくるぶし丈のパンツなので、ちょっと重め。甲の見える靴を履くことで、ベストバランスが生まれます。

基本はそうなのですが、絶対にスニーカーなどがダメ！　ということではありません。スニーカーのページでお伝えした通り、もしスニーカーを合わせたいときは、コンバースなどの、色が薄くて生地の軽いものを心がけると大丈夫です。

その場合の簡単な合わせ方は、このアンクルをひと折りして、クロップド丈（7分丈）にすること。こうすると甲の見えない靴でも大丈夫になります。これより短いとスニーカーがおすすめ。

アンクル丈を基準に、靴を考えるとバランスをとるのが簡単です。

shirt：デニムロングシャツ：ユニクロ
bottoms：スマートスタイルアンクルパンツ：ユニクロ
bag：ZARA
shoes：Boisson Chocolat
bangle：PHILIPPE AUDIBERT

Chapter

5

To make it better

［第5章］

知っておく
だけで
おしゃれ度は
あがる

自分に似合う首のアキを見つけると無敵

素材・形・色のうち2つ以上が似合うものだと、それが間違いのない服だと書きましたが、「形」には首のアキ（ネックライン）が大きく関わってきます。**ネックライン次第で、首が長く、顔が小さく見え、上半身のゴツさが消えたりするからです。**自分に似合うネックラインを把握すると、いきなりあか抜けます。

気に入って買ったはずなのに、実際はなかなか着ない服というのは、ネックラインが似合ってない可能性が高いです。なぜなら、ネックラインだけは着こなしでごまかすことができないからです。見つけ方の主なポイントは、上半身が厚いか、華奢かどうか。簡単なので、ぜひ覚えておいてください。

知っておくといいネックラインは4つ。服を購入するときにとても便利です。この4つのもののうち、必ず1つは似合うものがあるはず。また人によっては2つ、3つと似合うものもあると思います。

もちろん、似合わないネックラインでも、そのネックラインのよさがありますので、着てはいけないわけではありません。それぞれの説明の後に、似合わない場合の似合わせ方も紹介していますので「この服は似合わない」などと思わずに着てみましょう。

V-neck line

Vネックは丸顔の人が似合う

pierce：JUICY ROCK
necklace：SUGAR BEAN JEWELRY
sunglasses：ZARA
bracelet：jewelry shop M
ring・watch：Cartier
sweater：コットンカシミヤVネックセーター：ユニクロ
inner：リブタンクトップ：ユニクロ
denim：ウルトラストレッチジーンズ：ユニクロ
stole：Johnstons
bag：PotioR
shoes：Odette e Odile

Vネックは肌の見える部分が大きいので、抜け感が出ます。鎖骨も見えるので、女性らしさが出ます。**似合うのは、丸顔の人。**また、顔の大きい人、首の短い人、胸板が厚い人なども似合うはずです。ちなみに胸が厚いというのは、胸が大きいのとは違います。横から見てください。

より女らしさを見せたいときは、鎖骨がぐっと見えるような横に広いVを選ぶとよいです。

シャープ、かっこいいイメージがVネックです。ですので、甘めのスカートよりボトムの方が相性がいいです。

Vネックを着て、貧相になったり寂しい感じがする人が似合わない人です。**そういう人はVネックでもアキの大きくないものを選んだり、ストールなどでボリュームを出せば問題ありません。**首が長く見えることが貧相に見える原因なので、髪を巻いておろすだけで見違えます。こうすることで、寂しい胸元がカバーできます。

U-neck line

広めの丸首（Uネック）は首が長く見える

knitted cap：GU
pierce・necklace：R-days
bangle：JUICY ROCK
watch：CASIO
coat：**ロングPコート：ユニクロ**
sweater：**カラーネップセーター：ユニクロ**
denim：**スキニーフィットテーパードジーンズ：ユニクロ**
bag：KANKEN
shoes：UGG

Vネックと同じで抜け感を出せますが、丸みがあるので、同時に柔らかさも出ます。似合う体型の人もVネックと同じです。**Vネック同様首が長くすっきりと見え、丸みがあるので甘いコーデにも合わせやすいです。**

甘い分、袖をまくるなどして上げて、すっきりとした印象にまとめるのがコツです。

似合わないのは、やはりVネックと同じく、上半身が華奢な人。Vネックと同じようにカバーしましょう。

Crew neck line

クルーネックは上半身が華奢な人が似合う

hat：reca
pierce：JUICY ROCK
sunglasses：ZARA
bangle：PHILIPPE AUDIBERT
bangle：lujo
ring：Cartier
tops：ドレープT：ユニクロ
inner：リブタンクトップ：ユニクロ
denim：ウルトラストレッチジーンズ：ユニクロ
watch：ZARA
bag：Sans Arcidet
shoes：Boisson Chocolat

首元が詰まったクルーネックは上品な育ちのよさを感じさせます。

Vネック、Uネックとは逆で、華奢な上半身の人が最もよく似合います。肩幅が狭い人、首の長い人にもおすすめです。反対に、上半身にボリュームがある人が着るとがっちり見えるので気をつけましょう。

実はこれ、面長の人は顔の長さが強調されます。もし面長で上半身が華奢な人は、**ロングネックレスなどをして、胸より下にポイントをつくるといいでしょう。**また、髪が長い人は前におろすだけで面長っぽさが緩和されます。

Boat neck line

面長の人はボートネック

coat：ウールブレンドPコート：ユニクロ
tops：ボーダーボートネックT：ユニクロ
skirt：ミラノリブカットソーミディアムスカート：ユニクロ
tights：Calvin Klein
shoes：ZARA
stole：Johnstons
bag：PotioR
pierce：R-days
watch：ROLEX
bangle：PHRIPPE AUDIBERT

ボートネックは、横に広がったネックラインです。ですので、鎖骨が見えて女性らしさが出ます。**これが似合うのは、**面長な人。首が短かったり、丸顔の方はスッキリ感が出しづらいので似合わせるのが難しいです。ですので、**似合わない人は襟足まわりの髪を上げるなどしてすっきりさせましょう。**

季節感が出ると急におしゃれに見える

おしゃれな人の服装からは、必ず「季節感」が出ています。反対に季節感のない服を着ていると一気に手抜き感が出ておしゃれから遠のきます。季節に関係なく、サンダルだったりスウェットの上下を着ていたりする人はおしゃれには見えませんよね？

季節感を出すには「色」と「素材」を考えましょう。

色は慣れてしまえば簡単で、春夏ならば明るい色、秋冬ならば落ち着いた色をコーデに取り入れましょう。

素材もそのまま季節に合ったものを。春夏は涼しいリネンやコットン、秋冬はフランネルやカシミヤなどほっこりしたものを入れるだけ。

特に季節感を出すとおしゃれさが際立つのが、「季節の変わり目」。その季節より少し前に先取りすると、あか抜け度がすごくなります。その場合は素材ではなく「色」で新しい季節を取り入れましょう。たとえば、8月の終わりくらいに、素材は薄手だけれど、色は秋を意識したブラウンを選ぶといったような感じです。

また、洋服だけでなく小物も季節感を出す大事なポイントとなります。バッグや靴は1年中使えるものを選びがちですが、**その季節に合った小物を持っているといいでしょう。**夏ならターコイズのアクセサリーやかごバッグ、華奢なサンダル、冬ならファー小物、ムートンブーツなどです。これらの小物を季節の変わり目に少し早めに取り入れるだけで全然違います。

春夏のリネンシャツは着るだけでこなれる

さきほども言ったように、おしゃれで大切なポイントとして「季節感を出す」ことは欠かせません。特に春夏におすすめなのがリネンシャツ。**素材だけで季節感を出し、こなれ感も出してくれるのがリネンシャツです。**通気性もよく涼しく着られます。ちなみに秋冬におすすめなのはニットです。

リネンシャツの風合いを楽しむには、ピシッとアイロンをかけないのがおすすめ。適度なくたっとした風合いを楽しめます。これは洗濯がポイントで、ドライコースで洗った後、脱水はしないこと。ここで手でシワを伸ばして干すだけで、ちょうどいいこなれ感が生まれます。

しかし、きちんと感を出さなければいけないときは、アイロンをかけてください。特に大切なのは襟です。襟を立てて着ると立体感が出て美しく見えますので、ここが立つようにしっかりかけましょう。

ユニクロのリネンシャツは、毎年、トーンの変わった新色が出ていたり、ストライプの幅が違うので、気に入ったら即買いがおすすめ。同価格帯の他のブランドのものより上質な素材を使っているので損はありません。

necklace：R-days
shirt：プレミアムリネンシャツ：ユニクロ

リネンシャツは色が楽しめる

リネンシャツは、発色の良さも魅力です。とてもきれいな色がたくさん。安くて手入れも簡単なので、何色も揃えておくのがおすすめ。

大人が着る服を買うのがいちばん簡単

世の中には、「大人が着る服」があります。また、「子供服」もあります。それとは別に「男性、女性の服」もあります。

服を着るときにこれらが持つイメージは大切です。

男性が主に着る服を、女性が着たらマニッシュな雰囲気になります。反対にスカートやパンプスなど女性しか着ない服を着れば、意識せずとも、より女性らしくなれるのです。

パンツをはきたいけれど、女性らしい雰囲気にしたいと思う場合、女性が主にはく形のパンツを選べばその雰囲気がついてきます。たとえば女性の定番の細身のクロップドパンツは、女性らしさが加わります。反対にこういうパンツを男性がはくと、中性的な感じになります。男性のメイクさんや美容師さんなどがはいていますよね。中性的な雰囲気にしておしゃれに見せています。もし女性がストレートのチノパンやストレートのデニムなどをはけば男性的になります。

子供服でいちばん売られている素材や形の服を大人が着れば、子供っぽさや若さが加わります。たとえば、スウェットのトレーナーなどです。**しかし、これを大人が着た場合、子供のイメージを引っ張るので、他のアイテムを大人が着るもので合わせなければなりません。**そうしないと大きな子供のような印象になって痛々しくなります。

スウェットが着たいなら、子供服売り場には置いてないような形を探すこと。たとえばVネックやボートネック、身幅が細いものがいいでしょう。
このポイントを忘れずに、自分がどんなコーデをしたいのか、どんなテイストになりたいのかに合わせて、その服が持っているイメージを考えながら、服を選びましょう。

Point

子供が着る服は極力着ないようにする

大きなロゴが入ったTシャツ、カーゴパンツ、柄の入ったジャージ素材は完全に子供向けのアイテム。これを着てしまうと大きな子供に見えて、浮いてしまいます。

Feminine items

「女性が着る服」が多いとフェミニンに

体のラインが出るようなタイトスカート

とろみ素材のブラウス

小さめのチェーンバッグ

甲が見える赤いパンプス

右上：レーヨンエアリーＴブラウス：ユニクロ
右下：Boisson Chocolat
左上：ストレッチスカート：ユニクロ
左下：FURLA

mannish items

「男性の要素」を入れるとマニッシュになる

太いインディゴのストレートデニム

スポーツ系素材のパーカー

ラム素材のカーディガン

ポロシャツ

右上：防風ストレッチスウェットパーカ
右下：ドライカノコポロシャツ
左上：レギュラーフィットジーンズ
左下：ラムＶネックカーディガン
全てユニクロ（メンズ）

スウェットパンツがはけるとかっこいい

スウェットパンツを大人っぽくはきこなせたらおしゃれ上級者です。スウェットはかなり難しいアイテムだからです。

スウェットは柔らかく、子供服もほとんどこれでできていると言ってもいいでしょう。つまり、「子供っぽい」の代表アイテム。この素材の持つイメージを大人がカバーするのは、とても難しいことです。

ただ、動きやすく、しかも子供っぽいアイテムだからこそ、上手に似合わせられると、とてもおしゃれに見えます。

スウェットで大事なのは、形と色が少しでも「大人」のものを着ること。色はグレーよりは黒がおすすめです。形はテーパード。テーパードは大人の女性にしかないデザインなので、女性らしい華奢さが出せるからです。また、裾にはリブが細長くある方が、足首の細さが強調されて大人っぽくなります。スウェットのパンツは、主にこのテーパードかストレート、たまにブーツカットくらいしか売られていないので、見つけるのは簡単なはず。ストレートは男性的な印象になるのでおすすめしません。

合わせる靴はヒールかポインテッドトゥで、鋭角と足の甲を見せると、簡単にコーデが完成します。

スウェットにスニーカーの場合は、靴の色を同じに

スウェットにスニーカーを合わせる場合は、靴は同色でスッキリとした形のものを選びます。ボトムとつながって足を長く見せます。できればインソールを入れましょう。

pierce：STYLE DELI
bracelet：JUICY ROCK
cardigan：UVカットVネックカーディガン：ユニクロ
shirt：プレミアムリネンシャツ：ユニクロ
bottoms：ドライスウェットパンツ：ユニクロ
bag：Anya Hindmarch
shoes：CONVERSE

コーデのイメージを決める○、△、□

コーデを決めるときに、そのアイテムの形を考えると簡単に決められます。形そのままの印象通りアイテムの形は「丸」「三角」「四角」の3つに分けられます。形そのままの印象通り、丸は幼さ、可愛らしさを、三角はシャープさ、大人、キレイ目を、四角は高級感や男性的な雰囲気、オフィスっぽさを表します。

襟ひとつとっても、丸襟は幼いイメージです。ピシッと鋭角の襟は大人。丸いころんとしたバッグは可愛いイメージ、四角いバッグはオフィスっぽくなります。髪型だって丸ければ可愛く、四角っぽくなれば男性的になります。

コーデには、そのままこのアイテムのイメージが生かされます。

ですので、大人っぽいコーデにもし柔らかさを加えたければ、先の丸いラウンドトゥを合わせてみたり、面接などきちんとした場には四角いバッグを選んだり、お見合いなど優しい雰囲気にしたいときは、すべてに丸をイメージするようなアイテムを選んだりと、丸、三角、四角はその場に応じて使えます。

アイテムを買うときも形を意識すると、持っているアイテムに偏りが出なくなります。「大人っぽい」イメージで使いたくて買ったバッグでも、四角すぎれば「大人」ではなく「オフィス」になってしまいます。また、かっこよさを求めてパンプスを買うなら、ラウンドトゥではなくポインテッドトゥです。アイテムの持つイメージを意識して選びましょう。

[○を使うと柔らかくなる]

コンパクトに巻くストール。ほっこりした柔らかさを出します。

スニーカーは全体的なフォルムが○。

クルーネック部分が○。Vネックに比べて、幼いイメージになります。

[△は女っぽさが出る]

Vネックで、顔の近くに△を持ってくると、コーデ全体が引き締まります。

ポインテッドトゥのパンプスは、先が丸いものより、コーデを大人っぽくします。

襟部分が△。クールなイメージを出してくれます。

[□は高級感が出る]

□のフェイスの時計。これをするだけで、高級感も出せます。

□のバッグは、カジュアルに転がらないので、普段着から抜け出させてくれます。

テーラードジャケットは全体のシルエットが□。はおるだけで、オフィスっぽいかっちりした雰囲気になります。

column: 05

袖の切り替えを見ると
スタイルがよくなる

袖の切り替え、気にしたことがありますか？　左ページの写真のズームアップされている箇所です。「えっ、そんなところ見たことない！」という人もいると思います。実は、袖口の切り替えに注目するとおしゃれになれます。見ている人は少ないと思うので、ぜひこの機会に見るようにしてください。

「この服を着ると、着ぶくれしてしまう」というものはありませんか？　袖口の切り替えは、そんな悩みをなくします。**上半身の着やせがまったく違うようになるので、自分の似合う切り替えを知っておきましょう。**

似合う袖のラインは3つ、体型別に分かれます。

しかし、似合うタイプはあくまで目安です。これを見つけるのは、本当に試着あるのみ！

自分で試着をし、着比べてみれば、似合うものを必ず見つけることができます。得意でない切り替えのものを着てはいけないということではなく、得意でないものなら、他の部分（素材・形・色・ネックラインなど）で似合わせましょう。なんとなく選ぶのではなく、得意不得意を見極め、自分により素敵に見せてくれるアイテムを探していきましょう！

まっすぐ中央に切り替えがあるのが似合うのは、上半身に厚みがある人。

Center

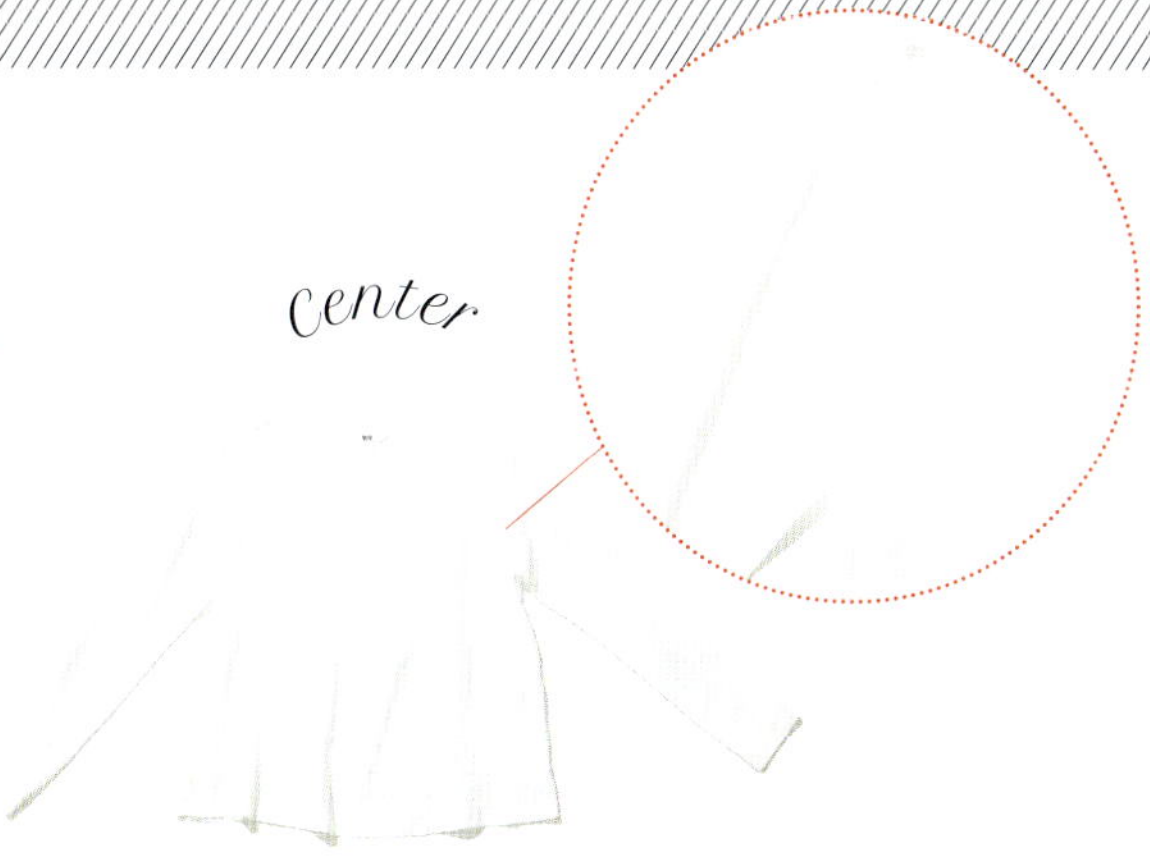

Outside

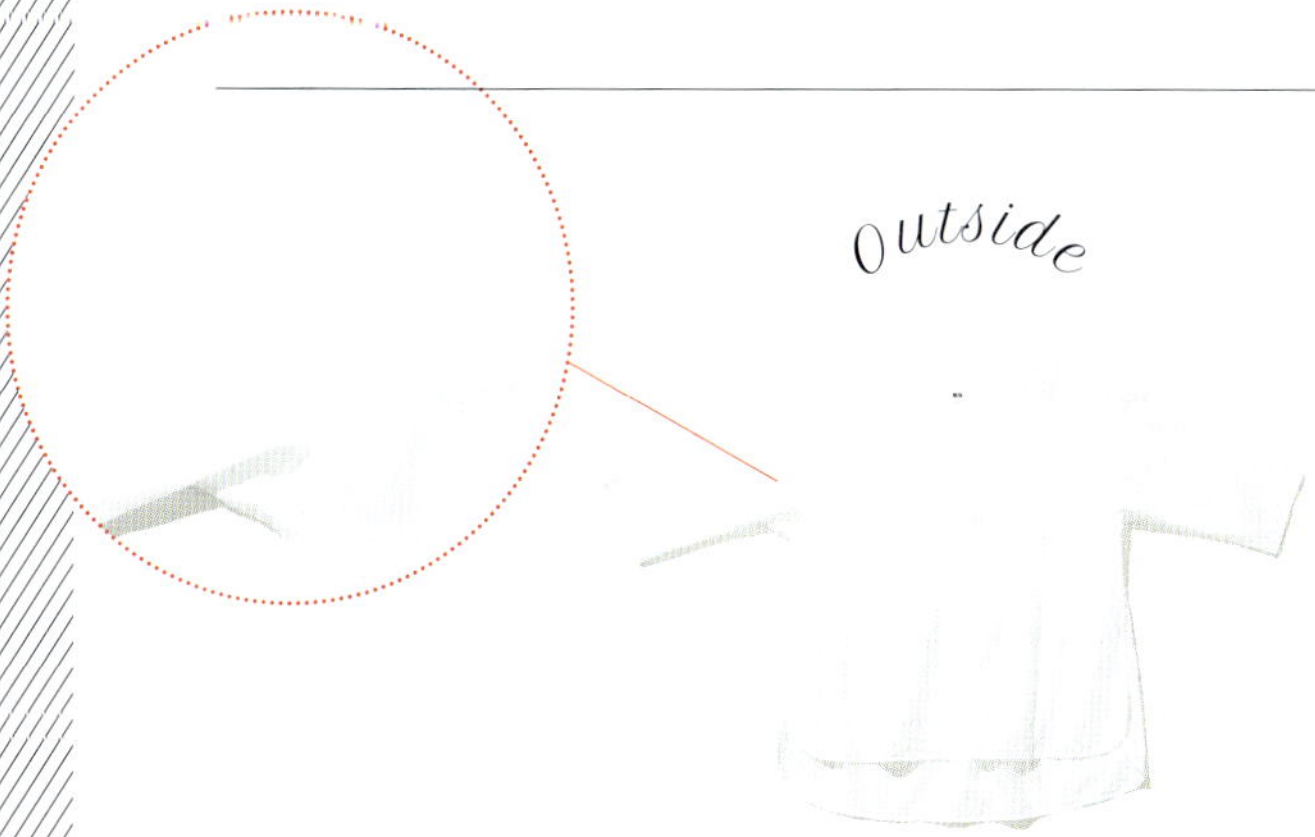

肩のラインより外側に切り替えがあるものが似合うのは、肩幅が広くて、鎖骨がかなり出ている人。

Inside

内側の切り替えが似合うのは、上半身が華奢な人。

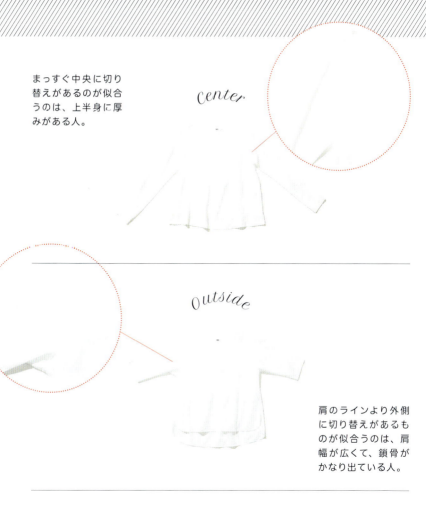

万能なのは、コットンのグレーのインナー

シャツは第三ボタンまで開けることをおすすめしましたが、下着が見えてしまうのではないか、という心配があると思います。また、白のブラウスは下着が透けて着づらい、という悩みもよくお伺いします。

そういうときにはインナー。**定番で持っておくといいのは、コットンタイプのグレーのブラトップです。**この色と素材は、うっかり見えてもいやらしくなりません。ボタンを3つ開けたり、襟を抜いて着るシャツのときは必ずこちらを使います。

リブニットなど、体の線が出やすいぴっちりサイズの服を着るときは、ベージュのキャミソール。カーキに近いベージュは透けにくいからです。

私が個人的におすすめしたいのは、「エアリズムブラトップのベージュの半袖」。これは、白のブラウスに便利で、インナーが目立たず、着ている感をなくします。

寒い冬場は、ヒートテックの濃いめの色のブラトップを。小技としては、白のニットを着るときはピンクのヒートテックを着ると、少し透けてホンワカした感じになります。ヒートテックはほつれたりしにくい生地なので、襟ぐりから見えてしまう場合は、はさみで胸元を丸く切ってもOK。長袖のヒートテックは重ね着でも着ぶくれしませんが、二の腕が窮屈に感じる人は、ヒートテックのブラトップの上に長袖を組み合わせると、暖かく着太りもしません。

子供が運動するときには、1年中エアリズムを着せています。汗でベタベタになることなく運動できるからです。もちろん自分がスポーツをするときにもおすすめ。

Underwear

持っておくといい下着はこれ

タイトな服にはベージュがいちばん

体の線が出やすい服を着るときは、カーキに近いベージュのキャミソールを。下に着ている感がありません。

リブタンクはベーシックカラーを

この本のコーデでも相当使っているのがこのリブタンク。下着と言うより重ね着用です。ベーシックカラーを持っておくと、チラ見せしたときに何にでも合います。

見えてもいやらしくならないのは「コットンタイプ」

コットンタイプのブラトップは、シャツを着る人におすすめ。ストラップが取り外せるチューブトップをひとつ持っていると便利です。

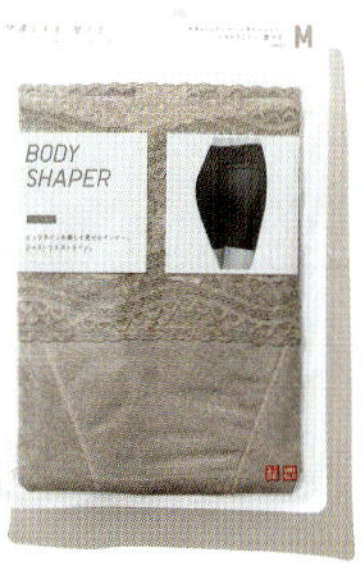

補正効果があります

ボディシェーパーは、下着によってできるでこぼこを隠してくれるので便利。苦しくなくて楽なので、よく着ています。

スキニーのときは必ずこれ

デニムに下着の線が出ないショーツ。スキニーなどをはくときには、必ずこれを使っています。

左上から時計回りにエアリズムキャミソール、リブタンクトップ、コットンブラトップ・チューブブラトップ、ウルトラシームレスショーツ、ボディシェーパー：全てユニクロ

親子コーデは
必ず子供を主役にする

親子コーデのポイントは「服をリンクさせる」ことでとても可愛い写真が撮れます。

①子供主役で、子供のコーデに親が合わせる

ボーダーなどキッズがよく着るアイテムでリンクします。パーカーなどでもいいと思います。大人が着るシャツやジャケットでお揃いにするよりも、可愛い感じが出ます。

②目立つ小物アイテムをお揃いにする

右の写真の場合は、柄が目立つマフラーとニット帽です。キャップや腰巻きシャツもおすすめ。洋服だけでなく小物を揃えると可愛いさが倍増します。

③靴は色が違っても同じブランドで揃える

靴は体の先端なのでよく目立ちます。同じ形だとお揃い感が引き立ちます。

④子供の方が派手目な色を着る

単純に、子供は派手な色が元気に見えます！

⑤動きながら撮る

かしこまってポーズを決めるより、ブレてもいいので笑ったり話したりしながら写真を撮ります。

シチュエーションごとの
コーディネートを集めました！

その日に合った服を考えられるようになると、毎日が楽しく、
おしゃれも上達します。

＼ とても寒い日は ／

子供と公園に。ニット帽×ストール×ムートンブーツでしっかり防寒のほっこりコーデ。茶系チェックのストールは存在感たっぷり。

#2wayストール*ユニクロ #ロングコート*ユニクロ #ウルトラストレッチジーンズ*ユニクロ ニット帽 #CA4LA ブーツ #UGG バッグ #ZARA

＼ 入園式 ／

ノーカラージャケットでモノトーン。保育園の入園式は普段も使えるキレイ目アイテムに、ネックレスとコサージュをプラスするだけ。

#ソフトジャージーノーカラージャケット*ユニクロ #レーヨンエアリーTブラウス*ユニクロ #ストレッチクロップドパンツ*ユニクロ バッグ #ZARA パンプス #SESTO

＼ 友人とお買い物 ／

たくさんのお店を見て回る約束だったので、歩きやすいローヒールのモカシン。グレーとカーキで甘めスカートも大人っぽく。

#プレミアムリネンシャツ*ユニクロ #コットンタイプライタースカート*ユニクロ #ヒートテックタイツ*ユニクロ バッグ #ZARA_daily ヒール付きモカシン #ZARA

＼ 送別会 ／

職場の送別会にはとろみブラウス。いつもより少しおしゃれに、でも気合が入りすぎないように、主役のためにたくさん動けるパンツです。

#レーヨンエアリーTブラウス*ユニクロ #ストレッチクロップドパンツ*ユニクロ バッグ #POTIOR パンプス #ボワソンショコラ ストール #楽天

＼ ママ友とランチ ／

ホワイト×キャメルでランチコーデ。仲の良いママ友たちとランチに。普段着をホワイトジーンズに変えるだけで新鮮になります。冬のホワイトデニムもオススメ！

＃ウールブレンドＰコート＊ユニクロ＃ヒートテッククルーネックセーター＊ユニクロ＃ウルトラストレッチジーンズ＊ユニクロ ブーツ #UGG 巾着バッグ #STYLEDEL ファーポンポン #lujo ストール #reca

＼ 女子会 ／

ブログを通して仲良くなった友達に会いに。ラフなスウェットスカートを大人っぽく見せるための黒×グレーの２トーンで。小物はベージュで女性らしさをプラス。おじ靴とスカートは相性◎。

＃ミラノリブジャケット＊ユニクロ＃ウルトラライトダウン＊ユニクロ＃メリノブレンドモックネックセーター＊ユニクロ＃スウェットスカート＊ユニクロ おじ靴 #ZARA バッグ＃アンデミュウ ファーポンポン＃ lujo ストール＃楽天

＼ デート ／

動きやすいデニムコーデに、柔らか色のカシミヤニットとストールで女子度ＵＰ。オフタートルのときはお団子にして顔まわりをスッキリさせます。可愛らしさも出てデートにぴったり。

＃カシミヤタートルネックセーター＊ユニクロ＃スキニーフィットテーパードジーンズ＊ユニクロ ブーティー＃ファビオルスコーニ スエードバッグ #STYLEDELI ファーポンポン #Dholic ストール＃楽天

＼ 家族とピクニック ／

家族で公園にピクニック。ハットとかごバッグを合わせるだけで、見慣れたトレンチコーデもピクニックコーデになります♫

＃トレンチコート＊ユニクロ＃シアサッカーＴブラウス＊ユニクロ＃スキニーフィットテーパードジーンズ＊＊ユニクロバッグ #Kate Spade バンダナ柄スカーフ #STYLEDELI

＼ お仕事 ／

トレンチをカッコよく着こなしたいと思ったら引き算で。ヌード色のパンプスを合わせると一気に抜け感が出ます。

＃トレンチコート＊ユニクロ＃ボートネックT＊ユニクロ＃ウルトラストレッチジーンズ＊ユニクロ パンプス #SESTO バッグ #LOUIS VUITTON

＼ 初対面 ／

ご挨拶にも対応できる清潔感満載のクロップドパンツコーデ。いつもよりきちんと感を出したいときは、ネイビー多めのコーデにします。ネイビー×白は初対面で好印象を与えてくれます。

＃レーヨンエアリーＴブラウス＊ユニクロ＃ストレッチクロップドパンツ＊ユニクロ パンプス＃アウトレットシューズ バッグ #LOUISVUITTON

\ 友人とカフェで /

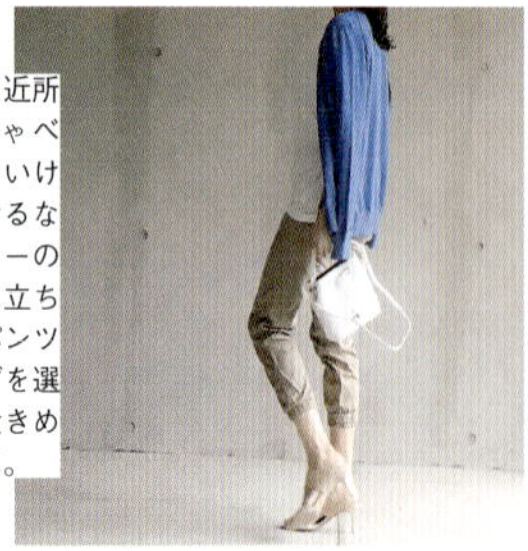

高校時代の友人と近所のカフェでおしゃべり。頑張りすぎないけどオシャレに見せるなら、目を引くカラーの薄手コーデが役に立ちます。ジョガーパンツはぴったりサイズを選んでください。大きめは着太りの原因に。

#UV カット V ネックカーディガン * ユニクロ # ドレープ T* ユニクロ # コットンストレッチジョガーパンツ * ユニクロ バッグ #ZARA サンダル # ファビオルスコーニ

\ たまにはライブ /

ライブに行くときはいつもとイメージを変えて。黒とピンクの合わせは適度なカジュアル感を出してくれます。スニーカーにリュックでも子供っぽくなりすぎないのは、色数を抑えているからです。

スーピマコットンモダールクルーネック T* ユニクロ # マキシスカート * ユニクロ リュック # カンケン # コンバースオールスター

\ 子供の送迎 /

デイリーコーデに使いやすいボーダーも、柔らかなリネン素材にするとコーデ全体が大人っぽくなります。ワイドパンツは背を低く見せますので、背の低い人はハットをプラスすることでバランスがよくなります！

プレミアムリネンボーダーセーター * ユニクロ # オックスフォードワイパンツ * ユニクロ ハット #reca バッグ # ベルティーニ サンダル #Pyupyu

\ 子供と水族館へ /

子供とお出かけするときは歩きやすい靴を。厚底サンダルはスタイルアップもできるので、ママにもオススメ。リュックスタイルはカジュアルになりがちですが、マスタードのスカートで大人可愛くまとめています。

ビッグシルエットポケ付き T* ユニクロ # ロングタイトスカート * ユニクロ バッグ # カンケン ハット #reca サンダル #Teva

\ いつもよりちょっといいレストランへ /

友人とのランチで、いつもよりちょっといいレストランに♫　キレイ目コーデはピタッとしすぎるとオフィスっぽくなるのでユル感を少し意識するのがオススメです！

クレープ T ブラウス * ユニクロ # スマートスタイルアンクルパンツ * ユニクロ パンプス # 楽天 バッグ #STYLE DELI

\ 真夏日は /

真夏日は涼しげ素材のワンピース。とろみのある薄手ワンピースは、カジュアルですが子供っぽくならず、かつ涼しげで真夏日に活躍します！

ビスコースボーダーワンピース * ユニクロ #UV カット V ネックカーディガン * ユニクロ ウエッジサンダル # ボンブラウン ハット #reca バッグ # サンアルシデ

\ 同窓会 /

同窓会には柔らか配色のニュアンスカラーコーデがオススメ。とろみトップス×センタープレスのパンツは私の鉄板コーデ。柔らかな色だけでつくれば女性らしい雰囲気に大人っぽさが加わります。

レーヨンエアリーブラウス * ユニクロ # ストレッチクロップドパンツ * ユニクロ パンプス # ファビオルスコーニ バッグ # fifth

\ 雨の日 /

雨の日には水に強いロングブーツを。膝丈ガウチョならコンサバになりすぎません。濡れても目立たないダークカラーコーデにベージュのストールで明るさをプラス。

ダッフルコート * ユニクロ # ガウチョパンツ * ユニクロ ストール #HAPTIC ハット #HERES ブーツ #SESTO バッグ #ZARA

\ 家族でお出かけ /

爽やかリネンシャツは、大人カラーのものがよく使えます。サファリっぽくならないように、ホワイトデニムを合わせたり、清潔感を意識してコーデを組むとうまくまとまります。

プレミアムリネンシャツ * ユニクロ # ウルトラストレッチジーンズ * ユニクロ モカシン # ミネトンカ バッグ #MUUN バンダナ # ロンハーマン

\ とても暑い日は /

真夏日には風を通すゆるゆる合わせで。肩がけカーデやサンダルを黒にして所々引き締めています。カーキ×ピンクは大人女子にぴったりのカラーです。

ドレープ T * ユニクロ # マキシスカート * ユニクロ #UV カット V ネックカーディガン * ユニクロ バッグ # サンアルシデ サンダル # ボンブラウン

\ コーディネートに困った日は /

全身白なんて無理！と思われがちですが、困った日は思い切ってホワイトコーデ。足元を一回多くロールアップし、甲がスッキリ見える靴を合わせれば着痩せ効果もアップ。髪の毛の黒は差し色になるのでおろしてください。

ビッグシルエットポケ付き T * ユニクロ # ウルトラストレッチジーンズ * ユニクロ フラットパンプス #SESTO バッグ #MAISONKITSUNE

\ とにかくやせて見せたい /

そんなときには、薄手の腰まで隠れる黒のカーディガンがおすすめ。特にボタンのないカーディガンはまっすぐなラインをつくってくれるので着痩せ効果が高いです！

リネンブレンドストールカーディガン * ユニクロ # レーヨンエアリー T ブラウス * ユニクロ # ウルトラストレッチジーンズ * ユニクロ バッグ # 楽天
パンプス #Pyupyu

打合せ

黒のスキニーは仕事にも普段着にも大活躍。柔らかなブラウスは薄いグレー。秋から冬にかけての薄いグレーはとてもオシャレに見えます。コントラストが効いた小物を合わせると印象的に！

#レーヨンエアリーブラウス*ユニクロ #スキニーフィットテーパードジーンズ*ユニクロ　バッグ #fifth　パンプス #GALLARDAGALANTE

旦那さんとランチ

ワンピースを選ぶときには、スニーカーに合わせやすいものにすると登場機会も多くなります。スカートと同じく、ボリュームのあるスニーカーがよく合います。ボルドーのスニーカーは一気にこなれるので大好き！

#フランネルストライプワンピース*ユニクロ　バッグ #BEAUTYYOUTHUNITEDARROWS スニーカー #ニューバランス

母とお出かけ

カシミヤの半袖ニットは、派手な色を選んでも上品にまとまるのでお出かけする日にぴったり！　トップスは大きめサイズを選んでボトムスにインして動きをつけています。

#カシミヤクルーネックセーター*ユニクロ #ウルトラストレッチジーンズ*ユニクロ　バッグ #FURLA
ベルト・スカーフ #楽天　パンプス #odetteodile

運動会

つい汚れても丈夫なものを選びがちだけれど、こんな日こそ爽やかなホワイトデニムをチョイス。フランネルシャツの淡いグレーと合わせると、カジュアルでも品良くなります。バッグにスカーフでポイントをつくりましょう。

#フランネルシャツ*ユニクロ #ウルトラストレッチジーンズ*ユニクロ　バッグ #DEVILISHTOKYO スニーカー #コンバース

カフェでお仕事

ミラノリブはしっかりした生地なので、はおるだけでちょっとよそ行きの雰囲気。太もものいちばん太いところを濃い色のジャケットで隠すことによって下半身がほっそり見えます。トップスと靴の色をリンクさせています。

#ミラノリブジャケット*ユニクロ #ドレープT*ユニクロ #ウルトラストレッチジーンズ*ユニクロ
パンプス #SESTO バッグ #titivate

図書館で調べもの

オーバーサイズのリブニットをゆるっと着て、ボトムスはスキニーでスッキリと。目を引くカラーの靴とストールをポイントにしましょう。「チャコールグレーと暖色」はとても相性がよく、秋冬に使えます！

#メリノブレンドリブVネックセーター*ユニクロ #スキニーフィットテーパードジーンズ*ユニクロ #2way ストール*ユニクロ　ベルト*ユニクロ　靴 #SESTO バッグ #titivate

キャンプ

動きやすくカジュアルで、ガンガン洗濯できるものがキャンプにはぴったり。カジュアルコーデだからこそ、色合わせを大人っぽくしましょう。スニーカーを履くときは、パンツはいつもより短くなるよう意識してロールアップを！

#パックT* ユニクロ #コットンストレッチジョガーパンツ * ユニクロ バッグ #ベルティーニ ハット #reca スニーカー #ニューバランス

子供とプール＆ショッピング

普段着にはちょっと躊躇してしまうようなオフショルダーはプールに行くときにチャレンジ。オフショルダーではない伸縮性があるトップスを肩まで落としてオフショルダーにしています。

#レースT* ユニクロ #ウルトラストレッチジーンズ * ユニクロ バッグ #Pyupyu スニーカー #NIKE #AIRFORCE1

職場がスニーカーで OK なら

仕事帰りにウインドウショッピング。職場がスニーカー OK なら、オススメしたいのがシャツ×スニーカーの組み合わせ。きちんと感とカジュアルのミックスがおしゃれです。薄いブルーのシャツは着回しもききます。

#EFC オーバーサイズシャツ * ユニクロ #ウルトラストレッチジーンズ * ユニクロ　バッグ #PRADA　スニーカー #NIKE #AIRFORCE1

パーティスタイル

親友のベビーシャワー！　幸せなパーティーには優しいカラーを使ったコーデを。ホワイトのパンツは、ワンサイズ上げて肉感を拾わないようにします。

#レーヨンエアリー T ブラウス * ユニクロ　#ストレッチクロップドパンツ * ユニクロ　バッグ #SAVEMYBAG パンプス #PyuPyu

季節の変わり目

秋への季節の変わり目コーデ。インディゴのロングスカートとファーポンポンで季節を意識。シンプルな組み合わせに、インパクトのある小物を合わせると急にオシャレ度がアップします。

#ドレープT* ユニクロ #スウェットロングスカート * ユニクロ　バッグ #BEAUTYYOUTHUNITEDARROWS　スニーカー #コンバース ファーポンポン #楽天

久しぶりの友人と

ブルーのリネンシャツに秋色ブラウンのパンプス。カジュアルになりすぎないようにバッグにはスカーフを。カッチリとしたバッグがコーデ全体を格上げしてくれています。

#プレミアムリネンシャツ * ユニクロ #スキニーフィットテーパードジーンズ * ユニクロ　バッグ #FURLA パンプス #SESTO

at Last

おわりに

何年か前の私は「洋服は大好きだけど、おしゃれがなんとなく苦痛」「新しい服を買っても着回しができず、いつも同じ組み合わせ」「自分のコーディネートに自信がなく落ち着かない」と悩んでいました。その頃とても憧れている人がいたのですが、彼女は何を着てもおしゃれで素敵でした。同じようになりたくて真似をするのですが、私が着ると素敵に見えません。そのことを「あの人はスタイルがいいから」「持っている雰囲気が素敵だから」と勝手に解釈していました。

ですが、ブログやインスタグラムを始めて客観的に自分のことを見るようになり、また骨格分析やパーソナルカラーを学び気づきました。憧れの彼女は、彼女を素敵に見せる「似合うもの」を選んでいたからおしゃれに見えていたのです。やみくもに身につけるのではなく、自分に似合うものをサラッと着こなす、そんなおしゃれがしたいと思い始めた頃から、毎日の洋服選びがとても楽しくなりました。

着こなしやおしゃれに見えるコツはたくさんあります。ですが、それらのことはおしゃれにとってゴール間際のことです。スタートは「似合うもの」を持っているかどうかです。スタートにきちんと立てていなかった私が、ゴール間際ばかり意識してもおしゃれに見えるはずがなかったのです。

たくさん悩んできたことの解決策を、少しでもわかりやすく伝えたいと本書を書きました。この本を読んだ方のクローゼットが「似合うもの」でつくられますように！

Staff List

アートディレクション　加藤京子 (sidekick)
デザイン　我妻美幸 (sidekick)
写真（人物）　平本泰淳
写真（静物）　坂田幸一
ヘアメイク　MAIMI
撮影協力　阿部洋子
編集　中野亜海

協力
AWABEES
UTUWA
TITLES

書籍にて掲載しているアイテムは、すべて私物です。
各ブランドへのお問い合わせはご遠慮ください。
また、販売が終了しているものもあります。併せてご了承ください。

［著者］
Hana（ハナ）
スタイルアドバイザー

Ameba公式トップブロガー。ファッション及びプチプラ部門１位、総合ランキング１位。インスタグラムのフォロワー数は７万４千人を超え、またAmebaブログ読者６万８千人、LINEブログの読者は２万人と圧倒的な人気を誇る。延べ16万人超えのフォロワーに支持される上下ユニクロコーデで人気のインフルエンサー。

カラーアナリスト・骨格スタイルアドバイザー・パーソナルスタイリスト。

ふたりの男児を育てる主婦でもある。上下ともにユニクロなのに「ユニクロに見えない！」SNSが大人気。普段着なのにセンスがよくて、毎日がちょっと楽しくなるコーデに定評がある。自他ともに認めるユニクロ通で、大型店、路面店などをハシゴして欲しいアイテムを探すことも。本書が初の一冊。

Amebaブログ：http://ameblo.jp/hana-nya-7/
Instagram：@hana.7jo
LINEブログ：http://lineblog.me/hana_7/

いつも流行に左右されない服が着られる
――ユニクロだから、品がよくコーデに悩まない

2016年11月10日　第１刷発行
2016年11月24日　第２刷発行

著　者――――Hana
発行所――――ダイヤモンド社
〒150-8409　東京都渋谷区神宮前6-12-17
http://www.diamond.co.jp/
電話／03·5778·7234（編集）　03·5778·7240（販売）

アートディレクション ― 加藤京子（sidekick）
デザイン――――我妻美幸（sidekick）
校正――――小森里美
DTP ――――キャップス
製作進行――――ダイヤモンド・グラフィック社
印刷――――加藤文明社
製本――――ブックアート
編集担当――――中野亜海

ISBN 978-4-478-06957-8